Historias con **huella** 2

© Noelia López Iniesta y José Baides Cobos
© Ediciones Aljibe, S. L., 2014
   Tlf.: 952 71 43 95
   Fax: 952 71 43 42
   Canteros 3-7 -29300- Archidona (Málaga)
   e-mail: aljibe@edicionesaljibe.com
   www.edicionesaljibe.com

I.S.B.N.: 978-84-9700-795-5
Depósito legal: MA 526-2014

Cubierta y maquetación: Nuria Barea (Equipo de Ediciones Aljibe)

Ilustración de portada: © file404

Imágenes extraídas de: www.morguefile.com

Imprime: Imagraf. Málaga.

Queda prohibida, salvo excepción prevista en la ley, cualquier forma de reproducción, distribución, comunicación pública y transformación de esta obra sin contar con autorización de los titulares de propiedad intelectual. La infracción de los derechos mencionados puede ser constitutiva de delito contra la propiedad intelectual (arts. 270 y sgts. Código Penal). El Centro Español de Derechos Reprográficos (www.cedro.org) vela por el respeto de los citados derechos.

Noelia López Iniesta José Baides Cobos

Historias con  huella 2

**EDICIONES
ALJIBE**

Índice

1. Camino a Xanadú — pg 9

Lectura	Comprensión lectora	Vocabulario	Vamos a escribir...
		↗ Campos semánticos	↗ La descripción de lugares
pg 9	pg 11	pg 13	pg 16

2. El castillo de Foulweather — pg 21

Lectura	Comprensión lectora	Vocabulario	Vamos a escribir...
		↗ Lexemas y morfemas	↗ La narración I
pg 21	pg 23	pg 25	pg 28

3. El león, el burro y el rey — pg 33

Lectura	Comprensión lectora	Vocabulario	Vamos a escribir...
		↗ Primitivas y derivadas	↗ La narración II
pg 33	pg 35	pg 37	pg 40

4. Lobo de río — pg 45

Lectura	Comprensión lectora	Vocabulario	Vamos a escribir...
		↗ Frases hechas y refranes	↗ El diálogo
pg 45	pg 46	pg 49	pg 53

5. Maestro 2.0 — pg 56

Lectura	Comprensión lectora	Vocabulario	Vamos a escribir...
		↗ Sinónimos y antónimos	↗ Las instrucciones
pg 56	pg 59	pg 61	pg 64

6. La vuelta al mundo con vela — pg 67

Lectura	Comprensión lectora	Vocabulario	Vamos a escribir...
		↗ Palabras polisémicas	↗ La noticia
pg 67	pg 68	pg 70	pg 72

7. Diario de Anok — pg 77

Lectura	Comprensión lectora	Vocabulario	Vamos a escribir...
		↗ Aumentativos, diminutivos y despectivos	↗ El diario personal
pg 77	pg 79	pg 81	pg 84

8. Vendedor de deseos — pg 89

Lectura	Comprensión lectora	Vocabulario	Vamos a escribir...
		↗ Familia de palabras	↗ El anuncio publicitario
pg 89	pg 91	pg 93	pg 95

9. La Cruzada de los Príncipes — pg 99

Lectura	Comprensión lectora	Vocabulario	Vamos a escribir...
		↗ Abreviaturas y siglas	↗ La carta
pg 99	pg 101	pg 102	pg 105

10. El ingenioso ratón — pg 109

Lectura	Comprensión lectora	Vocabulario	Vamos a escribir...
		↗ Las comparaciones	↗ La fábula
pg 109	pg 111	pg 113	pg 115

Introducción

Las lecturas que constituyen este cuaderno han sido ideadas con un único fin: **dejar huella**.

Todos los conocimientos que adquieran nuestros alumnos y alumnas han de servirles como instrumento para dar respuesta a las diferentes necesidades que van a encontrar en la realidad cambiante en la que estamos inmersos.

Por ello los textos han sido creados para que, además de trabajar los contenidos básicos y habilidades lingüísticas necesarias que establece el Currículum, les ayuden a desenvolverse con soltura y de forma hábil y crítica. Además, tanto las lecturas como las actividades que a través de ellas se desarrollan están pensadas para despertar el interés tanto del alumno/a como del profesor/a:

El libro está dirigido al primer ciclo de Educación Secundaria (12-15 años) para ser trabajado tanto en el aula ordinaria como en desdobles, grupos de refuerzo o alumnado de Pedagogía Terapéutica.

↗ **Del alumno/a**: se busca que no permanezca indiferente, que encuentre motivación mediante un planteamiento lúdico del trabajo, tocando temas que le resulten atractivos o cercanos (ya que sólo aprendemos aquello que nos interesa o nos es necesario) que le permitan implicarse activamente en su proceso de aprendizaje, ya que los textos que va a encontrar no se resuelven con una mera búsqueda de datos, sino que requieren de una comprensión real de los mismos, de deducciones o interpretaciones para dar solución a las cuestiones propuestas.

↗ **Del profesor/a**: se pretende facilitar su tarea a través de un planteamiento que, además de trabajar aquellos aspectos estrictamente lingüísticos, ha tenido en cuenta otros como:

- El desarrollo de la iniciativa personal.
- La participación activa y la creatividad.
- El uso de nuevas tecnologías y el tratamiento de la información.
- La relación con el mundo natural a través de temas como la importancia de la salud, de las relaciones sociales, el trabajo en equipo, la tolerancia y el respeto hacia los demás y sus diferencias.

Por último sólo destacar que este trabajo, como se ha dicho anteriormente, pretende facilitar y servir como marco, pero que es cada profesor en su contexto particular quien debe adecuar, modificar o ampliar los diferentes temas según su realidad concreta.

Marco Polo (1254 - 1324)

1. Camino a Xanadú

Pietro Sonriani era un noble veneciano que, arrogante, gritaba ante una docena de personas: "¡Un farsante, un embustero, un burdo mentiroso! ¡Marco Polo no cuenta más que mentiras en su libro!".

Se oyeron murmullos. Unos estaban de acuerdo con Pietro, otros no tanto. Todos habían oído las historias de un comerciante que, junto a su padre y su tío, había vivido veinte años en Asia, corriendo todo tipo de fantásticas aventuras en aquellas maravillosas y lejanas tierras. De pronto, en mitad de aquel alboroto, una visita inesperada entró: el propio Marco Polo, con paso tranquilo y confiado.

—Señor Sonriani –se dirigió Marco al noble en un tono entre divertido y burlesco–, ¿es acaso un experto viajero para poder rebatir lo que digo en mi libro? Tales acusaciones me sorprenden de alguien como usted, que por miedo a caerse jamás cruza el puente de su casa sin que su criado le sujete las riendas del caballo.

Todos se rieron, pues en Venecia era conocida la fama de mal jinete de Pietro Sonriani. Este, enfadado por la mofa de Marco Polo, le retó a que probara aquello que contaba su libro. Marco, complacido, empezó su relato:

—Debéis saber que el viaje por Asia fue largo y peligroso. Salí de casa en 1.271 hecho un chaval y llegué cuatro años después, el verano de 1.275, al palacio del mismísimo Kublai Kan, nieto de Gengis Kan, dueño del imperio más grande jamás conquistado. Pero el camino, como os he dicho, no fue fácil. Para llegar tuve que bordear el monte Ararat, donde dicen que encalló el arca de Noé; atravesé la ciudad de Saba, de donde partieron los Reyes Magos siguiendo la estrella; crucé el desierto de Takla Makan y muchos más sitios, pero ahora no os aburriré con esos detalles.

En ese momento, el público estaba embobado escuchando a Marco Polo. No es que todos le creyeran, pero les gustaba escuchar relatos de tierras míticas. A todos menos a Pietro que, de mala gana, esperaba a que terminase.

—Kublai Kan tenía varios palacios, pero en verano prefería estar en el de Xanadú, donde nos recibió. No era un palacio como los que estáis acostumbrados, pequeño y arrinconado en la ciudad. A su alrededor, cuarenta y un kilómetros cuadrados de verde parque lo rodeaban, llenos de caza, ciervos, gamos y cabras. Y es que el rey era un gran cazador, pues en la grupa de su caballo montaba un leopardo domesticado que usaba para atrapar a los animales…

—¿Y el palacio? ¿Cómo era el palacio? –preguntó un anciano que se sentaba al final de la sala.

—El palacio era magnífico, con grandes habitaciones pintadas de oro, paredes de un mármol fino, los mejores tapices... Pero no era lo más impresionante que vi en Xanadú.

En aquel momento Marco Polo hizo una pausa, consciente de que todos estaban deseosos de seguir oyendo su historia. Incluso Pietro, con los ojos muy abiertos, esperaba expectante que continuara.

—Lo que más me llamó la atención fue una hermosa casa que había en mitad del bosque, construida solo con cañas doradas. Era grande, el Gran Kan prefería vivir allí que en el palacio, pues las cañas hacían que el aire del verano fuera templado. Eran cañas muy fuertes, tenían tres palmos de grosor y también las usaban para hacer el techo, pues las cortaban por la mitad y construían tejas que protegían y canalizaban la lluvia. Y lo más increíble, cuando acababa el verano, desmontaban por completo el palacio y guardaban todas las cañas, hasta el siguiente verano.

»En el interior podías ver columnas nacaradas por las que reptaban dragones dorados, que con su cola sostenían el techo mientras clavaban sus garras en el suelo. Había muchas habitaciones que servían para que viviera Kublai Kan con su corte. A pesar de lo que podáis pensar, eran salas más refinadas que las del mejor palacio de Venecia. La estancia central estaba presidida por el trono del Gran Kan, hecho de oro, joyas y seda virgen. A los lados le custodiaban otros cuatro más pequeños, para sus cuatro esposas, y el suelo estaba cubierto por un tapiz que narraba las victorias de todos los Kanes.

»El resto de estancias no eran menos. Las más bellas pinturas llenaban sus paredes y los muebles... ¡qué lujo de muebles! Sillones que parecían cojines, cojines que parecían sillones, sillas de refinada madera, espejos con incrustaciones de piedras preciosas. Y las mesas, tan grandes que en ellas comían cien personas, deliciosos manjares que aquí jamás hemos visto.

En aquel momento, Pietro, aprovechando la oportunidad de devolverle la humillación que había sufrido, interrumpió a Marco y dijo:

—Sí, ya hemos oído hablar de la comida que ha traído de esa gente tan avanzada. Qué ridículo nombre le ha dado... ¿espaguetis? –y soltó una carcajada.

Marco Polo, sin alterarse y haciendo ver que no le había molestado su comentario, le contestó:

—Ciertamente, se llaman espaguetis y debo añadir que están deliciosos. Pero no es lo único que traje de allí –Marco introdujo su mano en el bolsillo

1. Camino a Xanadú

y sacó un pequeño bulto envuelto en papel, con una cuerda que colgaba. Se acercó a una antorcha, prendió la cuerda y le dio el paquetito al atónito noble.

En unos segundos el pequeño bulto explotó y el pobre Pietro cayó desmayado del susto. Todos rieron y a continuación se acercaron a Marco para que continuara contándoles relatos de su viaje. Todos menos Pietro Sonriani, que permanecía inconsciente en el suelo. Ya hacía muchos años que los chinos habían inventado la pólvora, pero el desafortunado noble la descubrió aquella noche.

Basado en el Libro del millón de maravillas, de Marco Polo

COMPRENSIÓN LECTORA

1. Indica a quién se refieren las siguientes afirmaciones:
   - No cuenta más que mentiras en su libro: _____.
   - Es un mal jinete: _____.
   - En verano prefiere estar en Xanadú: _____.
   - Ha traído los espaguetis a Europa: _____.
   - Cae desmayado al suelo: _____.
   - Le gusta vivir en una casa en mitad del bosque: _____.

2. ¿Dónde está ubicado el palacio de Xanadú? ¿Por qué?
   _____

3. ¿Todo el mundo tenía la misma opinión de Marco Polo? Señala la respuesta correcta:
   - ☐ Todos creían que era un gran aventurero que se había enriquecido con tesoros encontrados.
   - ☐ Unos creían que era un rico comerciante y otros un comerciante arruinado que inventaba historias para sobrevivir.
   - ☐ Algunos creían que era un comerciante aventurero y otros un fanfarrón mentiroso.

4. ¿Qué fue lo más impresionante que vio Marco en Xanadú?
   _____

5. ¿Cómo eran la decoración y los muebles de la casa del Gran Kan? Escoge tres palabras que los definan e inventa tú dos nuevas que completen su descripción.

- ☐ Sencillos
- ☐ Refinados
- ☐ Majestuosos
- ☐ ....

- ☐ Suntuosos
- ☐ Toscos
- ☐ ....

6. Los protagonistas de la historia experimentan diferentes emociones. Señala con quién asociarías cada una de ellas y subraya en la lectura la frase que lo justifica.

| Pietro Sonriani |
| Marco Polo |

- Arrogante
- Tranquilo
- Desafiante
- Confiado
- Sorprendido
- Enfadado
- Asustado
- Alegre

7. Resume el texto siguiendo el esquema:

Pietro Sonriani era un noble veneciano que ....

En ese momento llegó Marco Polo ....

No obstante, cuando Pietro vio la ocasión ....

....

Pero ....

....

VOCABULARIO: Campos Semánticos

8. Tacha las palabras que no formen parte de los siguientes campos semánticos:

Los **campos semánticos** son palabras que pueden agruparse por su significado.

Ejemplos: botas, chanclas, zapatillas, zuecos... forman parte del campo semántico del calzado.

SENTIMIENTOS

Tristeza	Añoranza
Hambre	Ira
Sueño	Felicidad

VIVIENDAS

Chabola	Torrente	Iglú	Barraca	Masía	Iguana

DEPORTES

Pesca	Natación	Ganadería	Esquí	Atletismo	Zapping

9. Escribe palabras que pertenezcan al campo semántico de:

➔ La familia: ....

➔ El mobiliario: ....

➔ Órganos del cuerpo humano: ....

10. Clasifica las siguientes palabras y especifica el campo semántico al que pertenecen:

Lancha	Sierra	Delantero	Zodiac	Escenario	Acto
Maza	Tarjeta	Tenazas	Árbitro	Cincel	Aeroplano
Telón	Berbiquí	Camión	Penalti	Alicates	Monólogo
Bicicleta	Córner	Drama	Defensa	Repertorio	

11. Marco Polo cuenta que hasta llegar a Asia cruzó el monte Ararat, el desierto de Takla Makan… Las siguientes palabras también forman parte del campo semántico del relieve, únelas con su definición correspondiente.

Acantilado	Conjunto de islas.
Valle	Entrada del mar en la costa, menor que un golfo.
Archipiélago	Pendiente rocosa cortada prácticamente en vertical.
Cuenca	Caída de una corriente de agua debido a un gran desnivel del terreno.
Meseta	Zona de la superficie terrestre más baja que las que le rodean.
Bahía	Llanura elevada a cierta altitud sobre el nivel del mar.
Depresión	Territorio cuyas aguas afluyen todas a un mismo río, lago o mar.
Catarata	Llanura situada entre montañas.

12. Pon un ejemplo de cada uno de los accidentes geográficos del ejercicio anterior y sitúalos en el mapa de la página siguiente. A continuación escoge cuatro y escribe una oración con cada uno de ellos.

↗ Acantilado: .... ↗ Valle: ....
↗ Archipiélago: .... ↗ Cuenca: ....
↗ Meseta: .... ↗ Bahía: ....
↗ Depresión: .... ↗ Catarata: ....

↗ ....
↗ ....
↗ ....
↗ ....

1. Camino a Xanadú

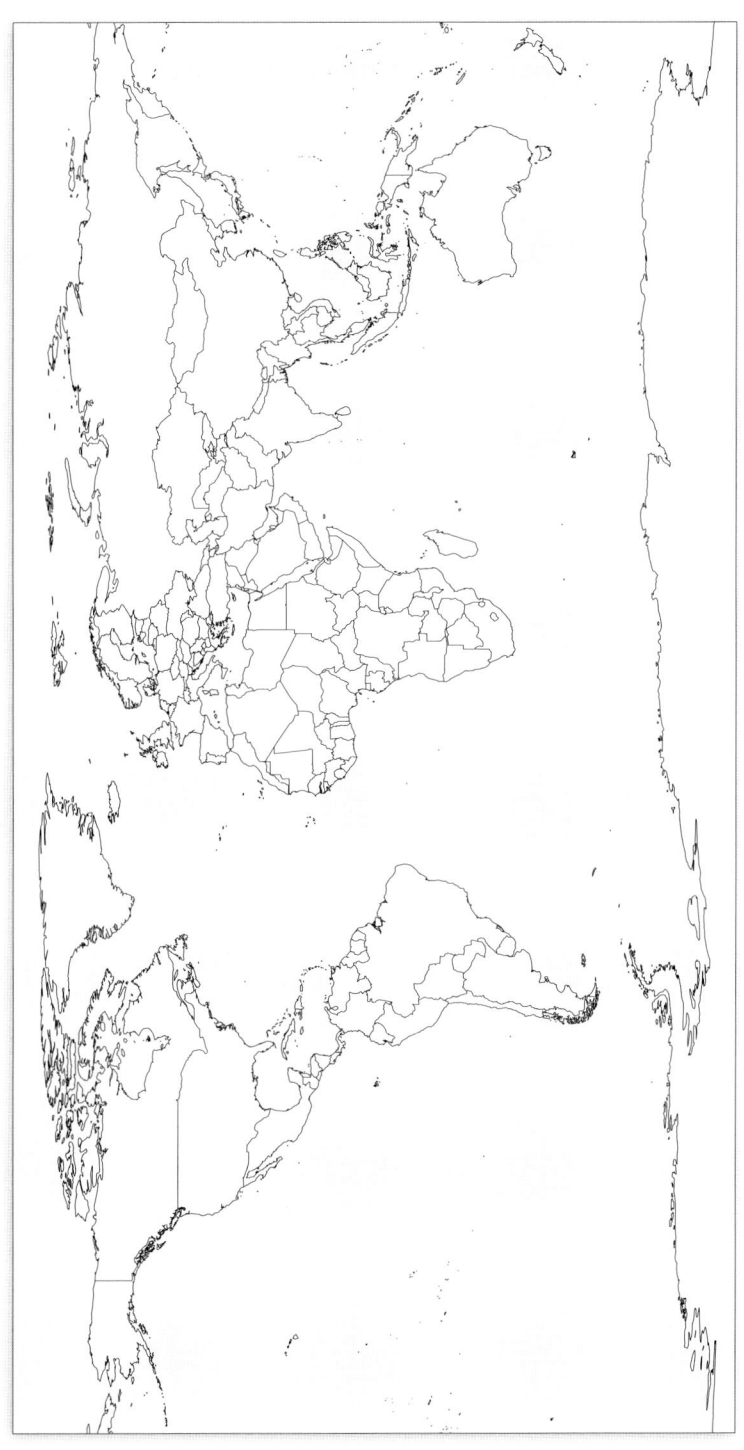

VAMOS A ESCRIBIR: La Descripción de Lugares

13. Elige uno de los siguientes escenarios y elabora un guión con información:

    Laboratorio   Cementerio
    Playa turística   Campo de fútbol
    Consulta del médico

➔ Lugar: ....
   ....

➔ Partes: ....
   ....

➔ Distribución o ubicación de las partes:
   ....
   ....

➔ Objetos o seres: ....
   ....

➔ ¿Qué hacen o para qué sirven? ¿Cómo son? ....
   ....
   ....

➔ Sensaciones u opiniones: ....
   ....
   ....

Describir es **dar información**, explicar de forma ordenada y con muchos detalles cómo son las personas, lugares, objetos…

Cómo hacer una descripción

A la hora de describir lugares deberemos realizar un guión-esquema previo en el que señalemos los puntos más importantes que encontremos para posteriormente desarrollarlos en la descripción. El esquema puede dar respuestas a preguntas como:

➔ ¿De qué lugar o paisaje se trata? (campo, playa, castillo, colegio, gimnasio…).
➔ ¿Qué partes tiene? (un lago, una montaña, habitaciones…).
➔ ¿Dónde están? (al fondo, detrás, dentro, a la derecha…).
➔ ¿Qué objetos o seres encontramos? (muebles, animales, personas, herramientas…).
➔ ¿Qué hacen o para qué sirven? ¿Cómo son? (podemos utilizar todo aquello que percibimos a través de los sentidos; es azul, grande, suave, dulce, perfumado, ruidoso…).
➔ ¿Qué sensaciones u opiniones nos produce? (es relajante, me gusta, es inquietante, me recuerda a…).

1. Camino a Xanadú

14. Realiza una descripción utilizando los datos de ejercicio anterior.

   ....
   ....
   ....
   ....
   ....
   ....
   ....
   ....
   ....
   ....
   ....
   ....

15. Los sentidos son fundamentales en una descripción, ya que nos dan información desde diferentes perspectivas y nos ayudan a que así consigamos una imagen más real y completa. ¡Vamos a ponerlo en práctica! Escoge una de las siguientes opciones y elabora un listado de palabras, relacionado con cada uno de los sentidos, que podrían describir ese lugar:

    | Campo cubierto de flores | Vertedero | Antártida |

    ➚ Vista: ....

    ➚ Gusto: ....

    ➚ Tacto: ....

    ➚ Oído: ....

    ➚ Olfato: ....

16. Escribe el esquema-guión del paisaje elegido en el ejercicio anterior y elabora la descripción. ¡No olvides utilizar los datos relacionados con los sentidos!

17. Ahora por parejas elegid una foto y siguiendo los pasos estudiados redactad la descripción. Por último podéis leerla en voz alta para que vuestros compañeros la dibujen y comparadla con la original.

1. Camino a Xanadú

Oliver Cromwell (por Samuel Cooper, 1656)

2. El castillo de Foulweather

Lord Cromwell, duodécimo duque de Foulweather, era sin duda el más distinguido miembro de la nobleza británica. Su encantadora esposa, Lady Margaret, también provenía como no podía ser menos de la alta aristocracia y su único hijo, el señorito William, heredaría de ambos títulos, tierras y sobre todo una irrepetible tradición. Vivían, como lo habían hecho todos sus antepasados, en el famoso castillo de Foulweather, situado al noroeste de Londres, rodeados de campos, armaduras, espadas y, por supuesto, fantasmas. Tal era su importancia que jamás había habido rey inglés, desde los tiempos de Arturo de Camelot, que, tras enfundarse la corona de monarca, no hiciera inmediatamente una visita oficial al castillo de Foulweather.

Aquel otoño de 1994 fue más húmedo que de costumbre. El frío llegó pronto y con ganas de quedarse, acompañado de una lluvia incesante que calaba la enmohecida piedra del castillo. El pobre Lord Cromwell, reumático como lo fuera su abuelo, y antes el abuelo de su abuelo, no estaba dispuesto a soportar un invierno que prometía ser el más duro de la última década, acorralado por el frío helado que se filtraba a través de las paredes, bajo la única protección del brasero del cuarto de estar y el humeante fuego de la chimenea central. De modo que contrató los servicios de un famoso decorador de la capital que planearía la reforma de su vetusto castillo, acondicionándolo a las comodidades que merecía tan importante familia.

El presupuesto de la obra no escatimaba en gastos. Tarima maciza para aislar la piedra del suelo, ventanas de doble hoja en lugar de la carcomida madera, tejas sintéticas que sustituyeran las anticuadas cerámicas, calefacción individual y domotizada. Lady Margaret quedó muy complacida con la propuesta del decorador y Lord Cromwell... Lord Cromwell no cabía de felicidad, se le oía incluso canturrear por las torres del castillo, feliz ante la simple idea de olvidar el frío que, durante toda su vida, había sufrido para su desgracia.

Pero no todo el mundo estuvo de acuerdo con el cambio. Los fantasmas, guardianes de la tradición, estaban furiosos y no iban a permitir que se tocara ni una sola piedra, por mucho frío que pasara un Lord de pacotilla. Y se lo harían saber en la peculiar forma en que los fantasmas dicen las cosas.

Ajeno a la conjura que se estaba tramando en su casa, Lord Cromwell se concentró en las preparaciones del Baile de Otoño, el acontecimiento más importante de la temporada. Durante una noche reuniría a la nobleza más importante de toda Europa. Sería una ocasión inmejorable para presumir ante toda la realeza de lo chic y elegante que le había quedado el castillo tras la reforma. Todo parecía preparado, y con puntualidad británica, los invitados llegaron a las ocho de la tarde.

Fue en esa velada cuando los fantasmas vieron la mejor ocasión de reivindicar sus protestas. Comenzaron haciendo levitar las botellas de vino, cosa que hizo mucha gracia a todo el mundo, salvo a la Duquesa de Stain, porque le tiraron encima de su precioso vestido de algodón egipcio una botella de Burdeos del cincuenta y siete. ¡Qué disgusto cogió la pobre señora, adoraba aquel vestido que vistió su abuela en la boda de Jorge V!

Con el primer plato el asunto no mejoró. Los muy gamberros habían entrado en la cocina y cambiado las etiquetas de todos los botes (sal, azúcar, pimienta, harina...). La comida no es que estuviera mala, estaba simplemente asquerosa. Todos se negaron a comer un solo bocado salvo un aristócrata griego, el Conde Glotonopopulos, que rebañó el plato añadiendo que tenía un "cierto toque exótico".

Lo peor estaba por llegar. Cuando los criados trajeron diez jugosos cochinillos asados, la especialidad de la casa, nadie se imaginaba lo que iba a pasar. Lord Cromwell, rojo de la vergüenza por lo que estaba ocurriendo, pidió que trincharan los cerditos con la esperanza de que el excelente bocado borrara el mal sabor de boca que el resto de la cena les estaba dejando. Pero fue alzar el cuchillo y salir los diez cochinillos correteando por la mesa, tirando copas y fuentes a su paso, a la vez que entonaban alegres:

> "Oink, oink, oink,
> El aire acondicionado
> nos ha dejado helados,
> oink, oink, oink"

Lady Margaret cayó espatarrada del susto y los invitados huyeron, pies para qué os quiero, con un susto de muerte. Lord Cromwell, cabizbajo y vencido, prometió a los fantasmas conceder todo lo que le pidieran si paraban inmediatamente. Fue entonces cuando su tatarabuelo, el famoso Almirante Cromwell que navegara junto al corsario Sir Francis Blake, se apareció ante él y, después de darle una sonora reprimenda, acordó que pararían las hostilidades con la única condición de devolver al famoso castillo de Foulweather a su estado original.

Así se hizo y los fantasmas, satisfechos, volvieron a sus quehaceres habituales: arrastrar cadenas y algún que otro susto sin importancia. Lord Cromwell, por su parte, retomó con resignación su reuma. Y es que ser noble, en ocasiones, no es tan sencillo como parece.

2. El castillo de Foulweather

COMPRENSIÓN LECTORA

1. ¿A qué personaje corresponde cada afirmación?

   ➢ Se cayó al suelo del susto: _____.
   ➢ Llevaba un bonito vestido de algodón: _____.
   ➢ No estaba dispuesto a soportar más frío: _____.
   ➢ La cena le pareció exótica: _____.
   ➢ Canturreaba felizmente por el castillo: _____.

2. ¿Qué utilizaban para combatir el frío en el castillo?

3. ¿En qué consistieron las reformas realizadas? ¿Quedaron todos satisfechos?

4. ¿Por qué eligieron los fantasmas el Baile de Otoño para mostrar su desacuerdo?

5. ¿Por qué el primer plato no se podía comer?

6. ¿Qué solicitaron los fantasmas para cesar en sus protestas?

7. ¿Quién fue el portavoz de los fantasmas?

8. ¿Qué habrías hecho tú en la situación de Lord Cromwell?

　

9. Señala los diferentes estados de ánimo por los que pasan Lord Cromwell y los fantasmas a lo largo de la historia:

Lord Cromwell	Fantasmas

10. Ordena los siguientes párrafos para obtener el resumen de la lectura.

☐ Aunque tras las obras la fortaleza pasó a ser confortable y acogedora, todos sus habitantes no estaban contentos, así que los fantasmas decidieron reivindicar sus protestas en el acto más importante de la temporada.

☐ Lord Cromwell, duque de Foulweather, perteneciente a la alta aristocracia británica, vivía con su familia en un antiguo castillo.

☐ Finalmente Lord Cromwell acordó devolver el castillo a su estado original a cambio de que los fantasmas les dejaran vivir en él con tranquilidad.

☐ Pero este estaba tan viejo y estropeado, que decidieron reformarlo con todo tipo de comodidades para poder hacer frente al duro invierno que se avecinaba.

☐ Durante el Baile de Otoño hicieron todo tipo de trucos y maldades hasta conseguir asustar a todos los asistentes y hacerles huir.

VOCABULARIO: Lexemas y Morfemas

11. En las siguientes palabras de la lectura, señala cuál es el lexema y cuáles los morfemas.

Las palabras están formadas por **lexemas** y **morfemas**.

Lexema

El lexema es la parte que no cambia, la raíz.

Ej. caballo, caballero, caballito.

Morfema

Los morfemas son las partes que cambian y se pueden clasificar en:

↗ Prefijos (cuando van delante del lexema).
↗ Sufijos (cuando van detrás).

Ej. frutería, afrutado.

Nobleza

MORFEMA PREFIJO	
LEXEMA	
MORFEMA SUFIJO	

Irrepetible

MORFEMA PREFIJO	
LEXEMA	
MORFEMA SUFIJO	

Humeante

MORFEMA PREFIJO	
LEXEMA	
MORFEMA SUFIJO	

Guardianes

MORFEMA PREFIJO	
LEXEMA	
MORFEMA SUFIJO	

Inmejorable

MORFEMA PREFIJO	
LEXEMA	
MORFEMA SUFIJO	

Abuelo

MORFEMA PREFIJO	
LEXEMA	
MORFEMA SUFIJO	

12. Subraya de naranja los prefijos y de verde los sufijos de las siguientes palabras:

    Imposible   Camioncito   Acampada   Subterráneo   Niñas

13. Identifica el lexema o raíz en las siguientes palabras:

    Caseta   Marinero   Caserío   Marítimo   Casado   Marea

14. Forma palabras nuevas cambiando únicamente los morfemas:

    ↗ Cocinero: ....

    ↗ Pescadora: ....

15. En la lectura aparecen las siguientes expresiones, localízalas y explica su significado:

    ↗ "[...] enfundarse la corona de monarca [...]":
    ....
    ....

    ↗ "[...] acorralado por el helor [...]":
    ....
    ....

    ↗ "[...] Un invierno que prometía ser el más duro de la última década [...]":
    ....
    ....

    ↗ "[...] pies para qué os quiero [...]":
    ....
    ....

2. El castillo de Foulweather

16. Relaciona cada palabra con su definición y escribe una oración con las cuatro que tú elijas:

Aristocracia	Suelo de madera hecho con tablas largas y gruesas.
Vetusto	Reclamar o pedir lo que alguien cree que le pertenece.
Tarima	Acuerdo secreto o conspiración de varias personas para actuar en contra de alguien.
Complacida	Recipiente metálico que se llena de brasas para dar calor. En la actualidad también los hay eléctricos.
Reivindicar	Elevarse, flotar en el aire.
Conjura	Clase social formada por miembros de la nobleza y personas con poder político y económico.
Levitar	Persona contenta, satisfecha.
Brasero	Muy antiguo, muy viejo.

↗ ....
↗ ....
↗ ....
↗ ....

Historias con **huella** 2

VAMOS A ESCRIBIR: La Narración I —Introducción—

17. Consulta la lectura y completa el siguiente cuadro:

Personajes

Lugar

La **narración** consiste en contar una historia real o imaginaria, protagonizada por unos personajes y desarrollada en un espacio y un tiempo concretos.

Se compone de tres partes:

➚ Introducción: Nos cuenta a quién le ocurre la historia, dónde y cuándo.
➚ Nudo: Esta parte nos cuenta qué sucede, con qué problemas se encuentran los personajes.
➚ Desenlace: Es el final, donde se solucionan los problemas.

Tiempo

Hechos

2. El castillo de Foulweather

18. Señala cada una de las partes del texto "El castillo de Foulweather" y comprueba que desarrollan los requisitos explicados sobre la narración:

➔ En la introducción nos explica que una familia británica... ....

➔ En el nudo lo que sucede es que los fantasmas... ....

➔ En el desenlace, Lord Cromwell... ....

19. Ahora vamos a aprender cómo se escribe el principio de una narración, usando cada uno de los elementos estudiados. En primer lugar elige un elemento de cada columna del recuadro y a continuación escribe el resultado en tu cuaderno. Puedes hacer distintas combinaciones.

Como hemos visto, la **introducción** de una narración es el principio de la historia, donde nos cuentan qué personajes aparecen, dónde están y en qué momento.

Personajes	Lugar	Tiempo
Vivía un matrimonio de pescadores con sus tres hijos.	Vivían en un pequeño barrio de una gran ciudad. Uno de esos en los que todo el mundo se conoce.	Llegó la primavera que se fue sin dejar ni una gota de agua, después el verano y más tarde el otoño.
Martín y Lucas eran amigos desde los tres años. Les gustaban los mismos juegos, iban juntos a clase y los dos odiaban las acelgas.	Era un bosque ideal, con grandes árboles, variadas flores y hasta un bonito riachuelo.	Sucedió hace mucho tiempo, cuando todavía no se había inventado la calefacción.
Había animales de todo tipo: ciervos, jabalíes, águilas, roedores e insectos.	En una pequeña aldea, de apenas cuatro bonitas casas de madera, situada junto a la orilla de un río.	Era finales de agosto y aunque todavía estaban de vacaciones ya pensaban en el mes entrante.

20. ¡Es tu turno! Utilizando lo aprendido, escribe dos introducciones para dos historias distintas. Estas deben contener todos los elementos trabajados pero pueden aparecer en el orden que tú escojas.

↗ Introducción 1:

↗ Introducción 2:

3. El león, el burro y el rey

Estad atentos porque sólo os lo contaré una vez. Érase una vez, hace mucho tiempo, un reino donde había un rey que era muy burro, un burro que era rey y un león que ni era burro ni era rey.

El rey, Romualdo X de Cracia era, muy a pesar de sus súbditos, un zoquete de tomo y lomo, pues nunca quiso saber nada de libros ni maestros y cuando le llegó la edad de gobernar no supo ni cómo plantar sus reales posaderas en el trono. Sus decisiones habían sumido al reino en la miseria y los propios nobles conspiraban a sus espaldas para arrancarle la corona, aunque para ello tuvieran que llevarse también pegada la cabeza.

Ahí no acababan los males del rey Romualdo, pues en el reino vivía el rey de los burros, un asno que, desde muy joven, destacó por su inteligencia, siendo el primer borrico que acudió a la escuela para sorpresa de los profesores. Por eso y más cosas era muy querido en Cracia, pues para todos era un orgullo tener como vecino a un asno tan notable. El rey Romualdo le tenía una tirria que no lo podía ni ver, pero tampoco se atrevía a hacer nada contra él por miedo a lo que dijeran los demás.

Y finalmente, en aquel atípico reino, vivía un león, que no era ni burro ni rey, pero que envidiaba tanto al burro como al rey, pues todos en su familia habían sido respetados reyes y él, sin embargo, se quedó tan solo en simple león.

Pues entre todo este desbarajuste, tuvo el rey una idea y era eso cosa rara, pues de su cabeza no solían salir más que piojos. Harto de que a él le llamaran burro y al burro rey, decidió hacer un concurso para probar su inteligencia, ganar la admiración de su pueblo y a la vez, humillar al burro. El ganador obtendría un premio más que suculento: la corona de Cracia. Por supuesto, Romualdo X no estaba dispuesto a ceder su corona y amañó todo para que él fuera el ganador.

Mucha gente intentó inscribirse al concurso, pero el rey Romualdo dio órdenes a sus soldados de que nadie, salvo el burro, se apuntara. Más de uno se llevó un buen mamporro de los guardias cuando intentó escribir su nombre, así que solo el burro lo consiguió. Bueno, no solo el burro, también lo hizo el león, pues nadie osó enfrentarse a tantas garras y colmillos.

Llegó el día de la prueba y todos se reunieron en la Plaza Mayor. Tal expectación hubo que incluso gente de otros reinos acudió a ver el singular acontecimiento. Panaderos sin su pan, lecheros sin su leche, carniceros sin su carne, todos habían dejado sus quehaceres con la esperanza de perder de vista al ignorante rey Romualdo. En el centro, un atípico trío: león, burro y rey esperaban el comienzo.

Llegó el conde Godofredo, un haragán muy amigo de Romualdo con el que estaba compinchado, a explicar las bases del concurso.

—La prueba será simple, tan simple que la entenderá incluso un burro –dijo con sorna mirando al asno–, pero tan complicada que sólo la resolverá un auténtico rey. Un buen rey debe ser capaz de sopesar cualquier situación, por compleja que sea, y de eso se trata la prueba: de pesar. Estos tres frascos de garbanzos que tengo en mis manos pesan exactamente lo mismo y se los entregaré a los tres aspirantes. Ganará el que en menos de cinco minutos y sin ayuda de báscula alguna, sepa acertar el peso exacto, sin errar en un solo gramo el contenido del bote.

Fue acabar de hablar el conde y todos empezar a comentar. Era, sin duda, una prueba complicadísima, pues sin balanza parecía imposible acertar el peso exacto del bote de garbanzos. Aquello se prometía emocionante.

El primero en reaccionar fue el león. Él hubiera preferido una prueba más física, de saltar, cazar o cosas de ese estilo. Solo pensar en cómo resolver aquel acertijo le daba dolor de cabeza, así que cogió el frasco, lo abrió y se comió todos los garbanzos. De paso, también se comió la cabra del cabrero, que no tuvo la precaución de dejarla en el establo, y se marchó, sin corona pero con la barriga llena.

Era el turno del rey. Evidentemente no se le había ocurrido ningún método ingenioso, pues no le daba para tanto la mollera. Poco antes de empezar, el conde Godofredo le había chivado el peso exacto del bote, con lo que no había forma de perder. El rey alzó ceremonioso en su mano derecha el bote de garbanzos y se dispuso, ante todos, a maravillar al público. Pero es que Romualdo era tan zopenco que no fue ni tan siquiera capaz de aprenderse el peso de memoria, se lo apuntó en la mano para que no se le olvidase y, de los nervios, sudó tanto que tan solo le quedó un borrón ilegible.

El rey farfulló, balbuceó y tartamudeó hasta que finalmente dijo, pues no le quedaba más remedio, una cifra al azar. "Quince kilos y cien gramos, pesa quince kilos y cien gramos". La gente se desternillaba de la risa, era evidente que el bote, que cabía en una mano, no pesaba tantísimo. El rey abandonó la plaza, con las orejas rojas y, para siempre, sin corona.

Finalmente llegó el turno del pollino. Este se acercó al tarro, lo miró y lo remiró, hasta que finalmente dijo: "que me traigan un barreño llenito de agua". Y, mientras se lo traían, explicó al respetable:

—Sabed que resolveré esta prueba basándome en el principio de Arquímedes, pues si meto el bote en el barreño y me fijo en cuánta agua cae fuera, podré saber exactamente su peso.

La gente aplaudió el ingenio del burro y del tal Arquímedes ese, que debía ser de otro reino pues nadie lo conocía, y esperaron a que el animal

3. El león, el burro y el rey

hiciera sus cuentas. Solo le llevó cuatro minutos y, en el minuto que le restaba, anunció el resultado: "ciento cincuenta y tres kilos".

Todos se mondaban de risa. ¡Qué barbaridad, ciento cincuenta y tres kilos! Y no es que Arquímedes se hubiera equivocado, más bien resultó que el burro, en lugar de meter sólo el bote en el barreño, se metió él también y claro, calculó el peso del bote más el suyo propio. El burro se marchó sin reino, pero limpito.

Pero claro, ante eso se planteaba un problema: sin ganador en el concurso, ¿quién les gobernaría ahora?, ¿quién tomaría las decisiones? Y en estas, habló la señora Demo, la dueña de la posada:

—Yo propongo una solución: que elijamos entre todos quién creemos que será mejor gobernante. Lo escribiremos en un papelito y quien gane, este año será el que mande.

A todos les pareció razonable y así se hizo. Ganó el hijo del juez, que era un hombre honrado y cabal, y a fe de muchos que lo hizo bien. A aquel sistema lo llamaron Democracia, en honor a la señora Demo quien lo propuso, y al pueblo de Cracia del cual surgió la idea. ¡Y parece que funcionó, porque todos descubrieron que el gobernar no debería ser cosa de burros!

COMPRENSIÓN LECTORA

1. ¿Por qué ningún súbdito quería al rey Romualdo X?

2. ¿Por qué el rey Romualdo no se atrevía a hacer nada contra el rey de los burros?

3. ¿Qué pretendía el rey con la realización del concurso? Señala la respuesta correcta:
   - [ ] Vencer al burro con su inteligencia, ganar la admiración de su pueblo y humillar al león.
   - [ ] Probar su inteligencia, ganar la admiración de su pueblo y humillar al burro.
   - [ ] Probar su inteligencia al pueblo, ganar la admiración del burro y humillar al león.

4. ¿Quiénes se inscribieron en el concurso? ¿Cómo lo consiguieron?

   ....
   ....

5. Explica en qué consistía la prueba a superar.

   ....
   ....

6. ¿Por qué al asno no le salió bien el resultado?

   ....
   ....

7. ¿Cómo solucionaron los habitantes la falta de gobernante en el reino? ¿Qué nombre le dieron a ese sistema de gobierno?

   ....
   ....

8. ¿Por qué pusieron ese nombre al sistema? ¿Qué quiere decir en realidad "Democracia"?

   ....
   ....
   ....

9. Señala verdadero (V) o falso (F) en las siguientes afirmaciones:

   ☐ La historia sucede en el reino de Demo.

   ☐ El rey Romualdo era admirado por sus súbditos.

   ☐ El pueblo estaba en la miseria por una mala cosecha.

   ☐ El león envidiaba al burro y al rey.

   ☐ El burro amañó el concurso porque no estaba dispuesto a ceder su corona.

3. El león, el burro y el rey

☐ Todos acudieron a la plaza Mayor para ver ganar a su rey.

☐ El conde Godofredo era muy amigo de Romualdo.

☐ Tenían siete minutos para resolver la prueba.

☐ La respuesta del rey fue: ciento cincuenta y tres kilos.

☐ Eligieron como gobernante al hijo del juez.

VOCABULARIO: Primitivas y Derivadas

10. Busca en el texto palabras derivadas de estas primitivas que hemos encontrado. A continuación, aporta tú una nueva.

Las **palabras primitivas** son aquellas que no provienen de otra palabra. Ej. mar, árbol…

Las **palabras derivadas** provienen de las primitivas y se forman añadiéndoles prefijos y/o sufijos. Ej. marítimo, arboleda…

PRIMITIVA	Pan
DERIVADA TEXTO	
DERIVADA	

PRIMITIVA	Leche		PRIMITIVA	Cabra
DERIVADA TEXTO			DERIVADA TEXTO	
DERIVADA			DERIVADA	

PRIMITIVA	Rey		PRIMITIVA	Carne
DERIVADA TEXTO			DERIVADA TEXTO	
DERIVADA			DERIVADA	

11. ¿Cuál es la palabra primitiva de la que proceden las siguientes derivadas?

➚ Relojería: .... ➚ Hospitalizar: ....

➚ Escritura: .... ➚ Intravenoso: ....

➚ Subterráneo: .... ➚ Antical: ....

12. Forma derivadas de las siguientes palabras añadiendo prefijos o sufijos y explica su significado:

PRIMITIVA	PREFIJO / SUFIJO	DERIVADA	SIGNIFICADO
Mar	Sub-	Submarino	Por debajo del mar
Sílaba			
Nariz			
Atar			
Cuchara			
Dolor			
Posible			

13. Completa las oraciones con la palabra correcta (PISTA: ¡todas son derivadas de "sol"!).

Insolación   Solar   Desolado   Solito   Soleado   Soledad   Solsticio

➚ La ventana daba a un precioso y .... patio.

➚ El .... de verano tiene lugar el 21 de junio.

➚ Cogió una .... por no ponerse la gorra.

➚ La placa .... aportaba energía más ecológica y barata.

3. El león, el burro y el rey

14. Averigua a qué palabra corresponde cada definición:

(1) Súbdito (2) Conspiración (3) Atípico (4) Desbarajuste
(5) Suculento (6) Expectación (7) Sorna

☐ Algo que no encaja en un modelo.

☐ Sabroso o que tiene gran valor por su importancia.

☐ Tono irónico o de burla con el que se dice algo.

☐ Espera de un hecho importante.

☐ Acuerdo de varias personas en contra de otra, en su perjuicio.

☐ Alguien sujeto a la autoridad de un superior, obligado a obedecerle.

☐ Desorden, desconcierto, desorganización.

15. En los siguientes fragmentos extraídos del texto, cambia las palabras subrayadas sin alterar su significado.

↗ "[...] dio órdenes a sus soldados de que nadie, <u>salvo</u> el burro, se apuntara."

Palabra: _____

Frase nueva: _____

↗ "[...] también lo hizo el león, pues nadie <u>osó</u> enfrentarse a tantas garras y colmillos."

Palabra: _____

Frase nueva: _____

↗ "[...] gente de otros reinos acudió a ver tan <u>singular</u> acontecimiento."

Palabra: _____

Frase nueva: _____

↗ "[...] el conde Godofredo, un <u>haragán</u> muy amigo de Romualdo."

Palabra: _____

Frase nueva: _____

VAMOS A ESCRIBIR: La Narración II —Nudo y Desenlace—

16. Señala en la lectura cada una de las partes de las que se compone. A continuación explícalas de forma muy breve:

    → Introducción: ....
    ....
    ....

    → Nudo: ....
    ....
    ....
    ....

    → Desenlace: ....
    ....
    ....
    ....

Recuerda que la **narración** consiste en contar una historia, real o imaginaria, protagonizada por unos personajes y desarrollada en un espacio y un tiempo concretos.

Ya sabemos cómo se empieza a escribir una narración (introducción). Ahora vamos a trabajar el nudo y el desenlace.

→ Nudo: debe contener al menos un hecho que genere un conflicto y una consecuencia, respuesta o reacción a ese problema.
→ Desenlace: explica la solución de la situación.

17. Esta narración está desordenada. Ordénala y marca cada una de sus partes.

    ☐ Poco a poco mejoró la situación, ya no les faltaba la comida y su padre se recuperó. El muchacho volvió a tener más tiempo para jugar aunque también siguió ayudando a su familia.

    ☐ Pero un día su padre cayó enfermo, no tenía fuerzas para cuidar a los animales ni para trabajar en el campo, y aunque su madre trabajaba sin descanso, empezó a faltarles el sustento.

    ☐ Así que el chico tomó una decisión, cuando saliera de clase ayudaría a su madre, recogería los huevos de las gallinas y ordeñaría las vacas cada día.

    ☐ Hace ya algún tiempo, en una granja de una pequeña aldea había un alegre muchacho. Era un chico como la mayoría, iba a la escuela y jugaba con sus amigos.

3. El león, el burro y el rey

18. Encuentra y subraya las expresiones que se repiten en el siguiente texto, luego sustitúyelas por otras más adecuadas.

   ↗ Cuando relates los hechos, evita repetir palabras y expresiones como por ejemplo: y, entonces. En su lugar puedes utilizar otras como: de repente, a continuación, después, al poco tiempo, al instante, más tarde…

   ↗ El desenlace también lo puedes iniciar de distintas formas: al final, por último, tras mucho esfuerzo, finalmente…

   Era el primer día de instituto tras las vacaciones y todos habíamos tomado asiento en la nueva clase. Entonces apareció Jorge, con una gran sonrisa, abriendo la puerta de golpe, sin llamar y con la cara manchada de chocolate. Entonces todos empezamos a reír mientras el profe seguía hablando y entonces el profe pidió silencio pero nadie le escuchó. Después el profe dijo a Jorge que no podía entrar así en clase y después a nosotros que no estábamos empezando bien el curso y lo hablaríamos en la hora del patio. Entonces Jorge pidió perdón y entonces la clase se quedó en silencio. ¡Nadie quería empezar el nuevo curso sin recreo!

   Palabras: ....

19. Inventa un nudo o trama diferente para la introducción del ejercicio anterior. No olvides que debe suceder un hecho y una consecuencia a este, e intenta utilizar diferentes expresiones.

   Era el primer día de instituto tras las vacaciones y todos habíamos tomado asiento en la nueva clase… ....

20. Por último, inventa también un desenlace para tu historia en el que cuentes cómo acaba. El final o desenlace puede ser real, fantástico, divertido, sorprendente...

21. Ahora formad pequeños grupos. Cada uno de ellos escribirá **solo una parte** de la narración, sin saber qué han escrito el resto de compañeros. Cuando acabéis unid todas las partes y leedlas en voz alta. Poned en práctica lo aprendido. ¡Puede ser muy divertido!

Equipo 1

Introducción (tiempo, lugar, personajes)	

3. El león, el burro y el rey

	Equipo 2
Nudo (qué sucede y qué hacen los personajes)	

	Equipo 3
Desenlace (cómo se soluciona el problema)	

Pinta, Santa María y Niña en North River (Nueva York) (1912)

4. Lobo de río

Los domingos son días de comida en familia, de bostezos trasnochados y de partidas de cartas junto a las enaguas de una mesa camilla. El tío Andrés, que tuvo una novia valenciana, socarra con esmero la paella mientras nosotros reivindicamos, con poco éxito, un aumento en la paga semanal. Y entre sotas, caballos y órdagos, el abuelo, infatigable, nos cuenta historias de cuando fue marino.

El problema es que el abuelo nunca salió de Albacete y lo más alto que le llegó el agua fue a las rodillas, aquel año en el que tanto llovió, que el agua prefirió las calles a los ríos, llevándose por delante algún que otro mueble y la mula del panadero. Pero eso poco le importa, pues asegura convencido que fue él y no Rodrigo de Triana el que gritó a Colón aquello de "¡Tierra a la vista!".

Sin embargo, el mayor talento de mi abuelo no es la navegación, sino sacar de sus casillas a mi padre que, empeñado en hacerle reconocer una realidad que a los demás poco nos importa, se estrella semanalmente con una cabeza que, a falta de cordura, rebosa ingenio. Sin ir más lejos, en la partida de mus del pasado domingo, le dio un repaso.

—Abuelo –dijo mi padre–, no cuente esas historias porque los niños van a pensar que está majareta. Hágame caso, que no se lo digo como yerno, sino como un amigo.

—Dios me libre de mis amigos, que de mis enemigos ya me encargo yo –respondió mi abuelo sin alterarse.

—No se lo tome a mal, pero es que no me puedo callar cuando dice esas cosas, ¿qué le voy a hacer?

—Nunca es tarde para no hacer nada.

—Mire –insistió mi padre, que creyó que por las buenas podría hacerle entrar en razón–, con la edad es normal que se olviden e incluso se inventen cosas, créame lo que le digo.

Y mi abuelo, que hasta entonces no había levantado la mirada de las cartas, levantó la ceja derecha y sentenció:

—Los jóvenes piensan que los viejos son tontos. Los viejos saben que los jóvenes lo son.

Mi padre se levantó, dejó las cartas sobre la mesa y con un cabreo del quince se fue a la cocina. Nosotros tratamos disimuladamente de aguantarnos la risa. Más tarde fue Eduardo, mi hermano, quien aprovechando que mi padre se había ido, dijo:

—Abuelo, cuéntanos cuando diste la vuelta al mundo con Magallanes.

—Eduardo —contestó orgulloso el abuelo—, ya te he dicho muchas veces que la vuelta al mundo la comencé con don Fernando de Magallanes, pero que no la terminó, porque lo mató la tribu del jefe Lapu-Lapu, allí en las Filipinas. Fue con don Juan Sebastián Elcano con quien acabamos el viaje y así probamos al mundo que la Tierra era redonda —mi hermano conocía aquella historia de memoria, pero le encantaba escucharla de su boca.

—¿Y con quién más has navegado, abuelo? ¿Quiénes eran los más valientes? —intervine yo.

—Valientes eran todos, porque en aquella época salir a la mar era una temeridad. No había ni radio ni esos aparatejos modernos que llevan ahora los barcos. Sólo coraje y arrojo.

—Bueno, pero alguno sería el más valiente —insistí.

—Cada uno lo fue a su forma. Piensa que yo estuve con los más grandes: Cristobal Colón, los hermanos Pinzones, Juan de la Cosa, Alejandro Malaspina... Aunque, si tuviera que decidirme, sería Barbanegra. Era un pirata enorme, cargado de pistolas amartilladas para disparar y con ese enjambre de pelo que le cubría la cara... os juro que los meses que navegué con él, sentí auténtico miedo.

En esas estábamos cuando volvió mi padre, cargando en la mano derecha un álbum de fotos. Parecía que aquel domingo no estaba dispuesto a dar su brazo a torcer. Lo abrió por el principio y nos enseñó una foto en blanco y negro, algo amarilleada por el paso del tiempo. Allí estaba mi abuelo, de joven, con la azada cargada al hombro, en mitad de un campo a medio labrar.

—¿Ve usted? —dijo mi padre—. Una azada, ropa de labrador, en mitad del campo: ¡campesino, usted fue campesino y no marinero!

El abuelo cogió el álbum y miró fijamente la foto. Luego pasó las hojas hasta llegar casi al final, donde estaban las fotos de las vacaciones del verano pasado, que fuimos a visitar la granja del tío Ramón. El abuelo señaló una y se la enseñó a mi padre, que no entendía qué le quería decir.

—Mira esta foto tuya, yerno. Estás en una cuadra, rodeado de heno y sucio hasta las orejas: ¡un borrico, tú lo que eres es un borrico!

Y mi padre, hecho una furia, se fue en busca de mi madre, farfullando como cada domingo "Carmen, no soporto a tu padre". Nosotros no pudimos contener una carcajada, especialmente el abuelo, que me guiñó el ojo para acabar la tarde con uno de sus dichos preferidos:

—Chaval, recuerda que más sabe el diablo por viejo que por diablo.

4. Lobo de río

COMPRENSIÓN LECTORA

1. Anota quién dice:

   ↗ "[...] van a pensar que está majareta.": ....
   ↗ "[...] Nunca es tarde para no hacer nada." : ....
   ↗ "[...] Bueno, pero alguno sería el más valiente [...]": ....
   ↗ "[...] cuéntanos cuando diste la vuelta al mundo [...]" : ....
   ↗ "[...] Estás en una cuadra, rodeado de heno y sucio [...]": ....

2. ¿Por qué se enfada el padre del chico con el abuelo?
   ....
   ....

3. ¿Por qué según el abuelo no pudo acabar su viaje Magallanes?
   ....
   ....

4. ¿A qué personaje o personajes atribuirías las siguientes emociones o estados?

Chicos	Nerviosismo
Abuelo	Admiración
Padre	Frustración
	Satisfacción
	Alegría
	Aceptación

5. ¿Por qué crees que el abuelo cuenta esas historias?
   ....
   ....

6. Busca información sobre los siguientes personajes históricos y señala qué hazaña se atribuye a cada uno.

PERSONAJE	HAZAÑA
Juan Sebastián Elcano	
Juan de la Cosa	
Alejandro Malaspina	
Rodrigo de Triana	

7. Señala los errores que hay en cada oración. Después escríbelas correctamente para obtener un resumen de la lectura.

Los domingos son días de reunión familiar, comemos juntos, jugamos al dominó y tío Andrés siempre nos relata algunas de sus historias llenas de fantasía.

Papá se pone muy contento y le dice al abuelo que nos cuente más, pero al abuelo no le importa y continúa.

El otro día mamá quiso demostrar que las historias no eran reales y trajo un DVD donde salía el abuelo vestido de cocinero. Pero a él no le importó, se burló y mientras nosotros llorábamos acabó la tarde con uno de sus dichos.

4. Lobo de río

VOCABULARIO: Frases Hechas y Refranes

8. Explica el significado de las siguientes expresiones y refranes que aparecen en la lectura:

> Las **frases hechas** son expresiones fijas que se utilizan de forma común y no tienen un significado literal.
>
> Los **refranes** también son expresiones fijas, populares y de significado figurado pero además conllevan una enseñanza o moraleja.

↗ "Sacar de sus casillas":

↗ "Un cabreo del quince":

↗ "Dar su brazo a torcer":

↗ "Dios me libre de mis amigos, que de mis enemigos ya me encargo yo":

↗ "Más sabe el diablo por viejo que por diablo":

9. Completa las frases con las expresiones siguientes:

Es un gallina.   Se me hace la boca agua.
Está en la luna.   Está como pez en el agua.

↗ Cuando habla en público ....
↗ Mi primo nunca se defiende ....
↗ Al pasar por delante de la pastelería ....
↗ Pepe no acaba las tareas ....

Historias con **huella** 2

10. Ordena las siguientes palabras para obtener un refrán o frase hecha y relaciónalos con sus significados:

agua dar no al palo	No dormir.
duro hambre no buen hay a pan	Engañar a alguien.
gato dar liebre por	Es mucho más fácil decir algo que hacerlo.
noche la en pasar vela	Asustarse por ver un peligro cercano.
lobo las verle al orejas	Trabajar muy poco o nada.
trecho al hay dicho un del hecho	Cuando se tiene mucha hambre no se es exigente con la comida.

4. Lobo de río

11. Relaciona cada refrán o frase hecha con su significado. A continuación añade tú cuatro más y explícalas:

Morderse la lengua.	Exponerse a un peligro.
Nunca digas de este agua no beberé.	Quien quiere realizar demasiadas cosas es posible que no acabe ninguna.
No dar pie con bola.	Ser el que manda.
Meterse en la boca del lobo.	No acertar.
Quien mucho abarca poco aprieta.	Callar algo que se quiere decir.
Cortar el bacalao.	No se puede garantizar que no vayamos a equivocarnos.
....	....
....	....
....	....
....	....

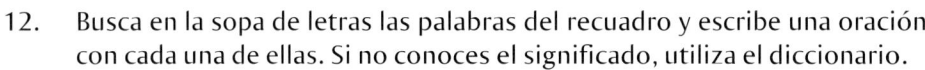

12. Busca en la sopa de letras las palabras del recuadro y escribe una oración con cada una de ellas. Si no conoces el significado, utiliza el diccionario.

Enagua   Reivindicar   Temeridad
Arrojo   Farfullar   Sentenciar

C	K	H	L	U	N	M	A	I	C	M	A	E	L	S
R	U	L	E	M	H	B	E	K	Z	H	P	T	U	E
O	I	P	U	N	E	H	E	W	I	P	A	I	F	N
Z	C	R	U	A	A	A	O	A	D	T	I	J	F	T
W	F	E	I	K	A	G	R	U	Z	I	P	K	A	E
P	L	I	T	T	E	C	U	R	Z	O	O	U	R	N
I	A	V	H	E	X	X	P	A	O	F	E	S	F	C
F	K	I	S	M	W	W	E	V	O	J	L	X	U	I
N	E	N	J	E	E	H	X	Q	T	G	O	P	L	A
U	O	D	Z	R	U	N	M	L	E	X	T	Z	L	R
K	I	I	B	I	I	O	D	V	O	L	V	I	A	S
N	I	C	I	D	M	I	J	Y	L	J	J	U	R	L
J	V	A	F	A	R	D	U	D	P	K	J	O	M	M
O	E	R	I	D	N	E	T	I	M	K	R	O	D	R
O	E	R	F	W	A	O	U	L	E	Z	W	W	F	A

➷ Enagua: ....
➷ Arrojo: ....
➷ Reivindicar: ....
➷ Farfullar: ....
➷ Temeridad: ....
➷ Sentenciar: ....

4. Lobo de río

VAMOS A ESCRIBIR: El Diálogo

13. Subraya las aclaraciones que aparecen en los diálogos de la lectura y copia al menos cuatro de ellas:

➚ ....

➚ ....

➚ ....

➚ ....

El **diálogo** es una conversación entre personas.

Cuando se representa de forma escrita se escribe un guión antes de que hable cada personaje.

En ocasiones se utilizan aclaraciones antes o después de cada intervención, que nos dan más información de las personas que están hablando, para que entendamos mejor el texto. Ej.:

—¡Me encantan las vacaciones! –gritaba Andrea.

14. Completa el diálogo con las siguientes aclaraciones. Léelo despacio y elige la más adecuada para cada intervención.

–rió su madre divertida.   –dijo Ramón.
–contestó su madre.   –gritó nerviosa.
–dijo con resignación.   –insistió.

—Mamá, ¿has visto las noticias? ¡Dicen que las vacas están locas! –..............

—Menos cuento Ramón y bébete la leche –..............

—¿Y si me convierto en un mutante? ¿Es que no te importa lo que me pase? –..............

—¡A mí lo que me importa es que desayunes! –..............

—Bueno, me la bebo, pero cuando me hinche como un globo y salga volando, ya te arrepentirás –..............

—¡No te preocupes, ahora te ato una cuerdecita al dedo gordo del pie y listos! –..............

15. El siguiente diálogo está incompleto. Lee atentamente y rellena los huecos de manera que tenga sentido la conversación.

Entre los tres no teníamos ni cuatro euros, menos de lo que costaba una entrada al circo. Pero Ana insistía tanto que fuimos a la taquilla para ver qué podíamos hacer.

—Lo siento chavales –dijo el portero–, pero no os puedo dejar entrar.

—

—Bueno, ya que insistís, quizás exista una posibilidad… ¿Realmente queréis entrar?

—

—Está bien, ponéos estos arneses… ¡Veréis la función desde el trapecio!

—

16. Ya sabéis todo lo necesario para escribir un buen diálogo. A continuación formad parejas y poned en práctica todo lo aprendido. Podéis elegir sobre uno de estos temas o utilizar una idea propia.

↗ Le pides a tu madre que te deje ir a pasar el sábado a casa de un/a amigo/a.
↗ Pides información sobre un viaje en la estación de autobuses.
↗ Buscas unas zapatillas en una tienda de deportes.

4. Lobo de río

5. Maestro 2.0

Lo esperaba hacía mucho y el paquete llegó puntualmente con dos días de retraso. Las notas del pasado trimestre fueron más que catastróficas, "apocalípticas", dijo mi padre; "Marcos, habrá que tomar medidas", añadió en tono amenazante. No voy a negar que quizás pude estudiar más, que hincar los codos me da flojera y siempre se me ocurren mejores cosas que hacer que pasar la tarde frente a fracciones, ecuaciones, sinónimos o antónimos. Por eso, consciente de mis limitaciones, decidí pedir ayuda a aquella que nunca me ha fallado, la reina de los consejos, la que siempre estuvo conmigo: la televisión.

El anuncio lo decía bien claro, "Maestro 2.0, la solución definitiva para los estudiantes gandules, éxito garantizado". Mamá torció el gesto cuando le dije el precio, pero la convencí con la promesa de un futuro plagado de sobresalientes, títulos y condecoraciones. Al fin y al cabo, era mucho más barato que el internado. Un porvenir prometedor me esperaba entre cartones y plástico de burbujas.

Me dispuse a leer concienzudamente las instrucciones. Venían en un bonito papel mostaza, cuidadosamente doblado, que comenzaba así: "Enhorabuena, acaba usted de adquirir el autómata Maestro 2.0, el futuro de la educación. Es un dispositivo de tecnología punta con el que podrá desarrollar al máximo el potencial intelectual de su hijo". Aunque esté feo que yo lo diga, lo cierto es que de potencial voy sobrado.

"Contenido

1. Robot Maestro 2.0.
2. Caja de tizas.
3. Pizarra analógica (disponible pizarra digital).
4. Libro de problemas.
5. Libro de soluciones.
6. Caja de accesorios.
7. Manual de uso.

Instrucciones

1. Desembale cuidadosamente el dispositivo Maestro 2.0 y colóquelo sobre una superficie plana.
2. Retire las protecciones del transporte.
3. Ajuste la cabeza del robot (en ocasiones se le va).
4. Coloque la pizarra en una zona despejada de la sala. A la derecha, encontrará un cajón donde depositar las tizas (incluidas). Si lo desea, nuestro modelo es compatible con tizas de colores.

5. En la caja de accesorios encontrará unas gafas. El robot está dotado de unos potentes visores, por lo que las gafas no son necesarias, pero le proporcionará a su Maestro 2.0 un aire intelectual.
6. Realice una carga completa de doce horas. El aparato, completamente cargado, tiene una autonomía de ocho horas, pudiendo utilizarlo de 9 a 17h ininterrumpidamente, aunque se recomienda una hora de descanso a mediodía.
7. Ajuste, según sus necesidades, el modo de aprendizaje deseado: "Aprobado raspado / Genio supremo".
8. Evite entornos ruidosos y con distracciones. Para conseguir el máximo rendimiento del artilugio, trate de simular un ambiente similar a un aula.
9. Maestro 2.0 admite el contacto con el agua, pero no lo sumerja a más de 20 m de profundidad. Incluye paraguas y chubasquero para actividades extraescolares en días lluviosos.
10. El dispositivo tiene garantía de dos años, pero no cubre los desperfectos causados por un uso inadecuado (como pegarle chicles, bombas fétidas u otras bromas pesadas).

Esperamos que disfrute de este magnífico invento que cambiará la vida de su hijo. Un afectuoso saludo."

Y vaya si cambió mi vida. Desde que este cacharro entró en casa, esto es un infierno. Maestro 2.0 es una máquina incansable que tiene como objetivo hacerme la existencia imposible. No tiene bastante con machacarme a deberes, que ahora me obliga a resolver acertijos matemáticos si quiero comer chocolatinas. Analiza mis frases y, si cometo algún error gramatical, me pone una "M" de mal en la frente. Ya no bebo agua, bebo H_2O. Y para colmo ha aprendido a recargarse solo, ni por esas me escapo.

Mis padres, sin embargo, están encantados. Dicen que nunca me han visto tan aplicado. Ayer estaban mirando en el catálogo los modelos Profesor de Piano 2.0 y My English Teacher 1.5. Pero esto lo corto yo de raíz. Me he fijado como Maestro 2.0 le pone ojitos cariñosos a la Play Station, para mí que se ha enamorado. Mañana la encenderé disimuladamente, les dejaré a solas en la habitación y cuando esté despistado, pondré en práctica mis nuevos conocimientos de tecnología: ¡cortocircuito!

5. Maestro 2.0

COMPRENSIÓN LECTORA

1. ¿Cómo fueron las últimas notas del chico? ¿Por qué no obtenía buenos resultados?

2. ¿Cuál fue la reacción de su padre? Escribe al menos dos palabras que describan su estado de ánimo.

3. Copia la frase del texto que indica cómo se sintió el padre al ver las notas.

4. ¿Cómo crees que le ayudó la televisión?

5. Marca la opción correcta:
   - ☐ A la madre no le gustaba el precio pero accedió cuando Marcos prometió devolverle el dinero.
   - ☐ A la madre le encantó el precio porque era más barato que el internado.
   - ☐ A la madre le disgustaba el precio pero la convenció con la promesa de buenas notas.

6. ¿Por qué a Marcos, después de probarlo, ya no le gustaba el robot?

7. Después de ver los resultados, ¿qué materias nuevas querían sus padres que estudiase? ¿Cómo lo sabes?

8. ¿Crees que al chico le salieron los planes como pensaba? ¿Por qué?

9. ¿Qué ideó para solucionar la nueva situación?

10. Completa los huecos con las palabras siguientes:

Padres	Resultó	Solucionar	Problemas
Ilusionado	Felices	Desembaló	Permitía
Notas	Montó	Robot	Plan

Marcos recibió .... el paquete que esperaba. Con él iba a .... todos sus .... nunca más sacaría malas .... Lo .... siguiendo las instrucciones y lo .... Aunque no .... ser lo esperado ya que más que ayudarle a estudiar, no le .... hacer nada más. Los únicos .... con la situación eran sus .... Pero Marcos tenía un .... se desharía del .... y volvería a vivir tranquilo.

11. Resume el texto siguiendo el esquema:

Marcos era un chico que ....

De pronto un día tuvo una idea ....

5. Maestro 2.0

Pero ....
....
....
....

Finalmente decidió ....
....
....
....

VOCABULARIO: Sinónimos y Antónimos

12. En los siguientes fragmentos extraídos del texto, cambia las palabras subrayadas por un sinónimo, sin alterar el significado:

➚ "Para conseguir el máximo rendimiento del <u>artilugio</u> (....................), trate de simular un ambiente similar a un aula."

➚ "[...] pero no cubre los <u>desperfectos</u> (....................) causados por un uso <u>inadecuado</u> (....................) [...]"

➚ "Desde que este <u>cacharro</u> (....................) entró en casa, esto es un infierno."

➚ "[...] les dejaré a solas en <u>la habitación</u> (....................) y cuando esté <u>despistado</u> (....................), pondré en práctica mis nuevos conocimientos."

➚ Los **sinónimos** son palabras diferentes que tienen igual o similar significado. Ej.: viejo - antiguo.

➚ Los **antónimos** son palabras cuyo significado es opuesto o contrario al de otra palabra.
Estos pueden ser totalmente diferentes (guapo - feo) o pueden formarse añadiendo prefijos (sano - insano; regular - irregular; hacer - deshacer).

13. Señala el sinónimo correspondiente a cada palabra y escribe una oración con cada uno de ellos:

IMPEDIR	☐ conceder	☐ obstaculizar	☐ absorber
MOLESTIA	☐ estorbo	☐ dificultad	☐ confusión
DISPARATE	☐ alboroto	☐ absurdo	☐ acierto
NARRAR	☐ aprovechar	☐ comprobar	☐ contar
INFATIGABLE	☐ incansable	☐ imposible	☐ plegable

↗ ....
↗ ....
↗ ....
↗ ....
↗ ....

14. Las siguientes palabras aparecen en la lectura, relaciónalas con su definición y añade un antónimo:

Amenazante	Con toda su atención, con mucho cuidado.
Definitiva	Algo desacertado o equivocado.
Concienzudamente	De manera que algo no se note o no parezca lo que es.
Error	Que muestra interés.
Aplicado	Dando a entender que quiere hacer algún mal.
Disimuladamente	Permanente, final, sin lugar a cambios.

5. Maestro 2.0

15. Busca un antónimo para cada una de las siguientes palabras y completa las oraciones con ellos.

   Catastrófico: ....   Desembalar: ....

   Inadecuado: ....   Afectuoso: ....

   ↗ Alba regañó a su gato por ser .... con su primo.
   ↗ Los profesores felicitaron a Salva porque su comportamiento había sido ....
   ↗ Todo había salido según lo previsto y habían pasado un día .... en familia.
   ↗ Lo peor de la mudanza era .... todas aquellas figuritas.

16. Escribe una pequeña historia en la que aparezcan las palabras del ejercicio catorce: amenazante, definitiva, concienzudamente, error, aplicado y disimuladamente. ¡No olvides ponerle un título!

VAMOS A ESCRIBIR: Las Instrucciones

17. Ordena las siguientes instrucciones y escríbelas de manera que puedas construir un portalápices:

    INSTRUCCIONES PARA CONSTRUIR UN PORTALÁPICES

    ☐ Pon pegamento sobre el papel recortado y envuelve el rollo.

    ☐ Una vez seco pega el rollo, envuelto con el papel charol verde, sobre el círculo de cartulina y valora el resultado.

    ☐ Materiales: tubo de cartón (del rollo del papel higiénico), tira de papel charol verde, círculo de cartulina, tijeras y pegamento.

    ☐ Recorta una tira de papel charol verde del tamaño del rollo de papel higiénico.

    Instrucciones son el conjunto de reglas o indicaciones sobre cómo hacer algo.

    ➤ Se escribe una frase por cada acción a realizar.
    ➤ Se redactan en el orden en el que deben llevarse a cabo.
    ➤ Deben ser frases cortas y sencillas.
    ➤ Pueden ir acompañadas de dibujos o fotos para comprenderlas mejor.
    ➤ En caso de necesitar materiales para su realización, se elaborará un listado al principio.

18. Observa las fotografías y redacta las instrucciones necesarias.

    1   2   3   4 ON

    ➤ 1: ....

    ➤ 2: ....

↗ 3: ....
....

↗ 4: ....
....

19. Vamos a practicar cómo se escriben las instrucciones. Para ello elige una de las ideas propuestas a continuación o desarrolla una propia. ¡Puedes ayudarte de las indicaciones estudiadas y no olvides anotar los materiales necesarios!

↗ Cómo hacer una figura de plastilina.
↗ Cómo hacer una cometa.

6. La vuelta al mundo con vela

Miércoles, 14 de Febrero de 2.015 Deportes / El Real

La prueba deportiva más esperada
Comienza la Vuelta al Mundo con Vela

Todo preparado para que se inicie la popular carrera de Cabracarnero, que prevé congregar a miles de personas, consolidándose como la prueba deportiva con más solera de la comarca.

JAVIER SERRANO
PERIODISTA

El próximo Domingo 17 de Febrero, a las 17:00 horas, dará inicio la décima edición de la conocida "Vuelta al Mundo con Vela", que transcurrirá, como viene siendo habitual, en el municipio de Cabracarnero del Real. La prueba, con gran tradición entre los vecinos de la localidad, consta de una vuelta a pie alrededor del restaurante "El Mundo", situado en plena Calle Mayor, sujetando una vela o cirio encendido. El ganador, según indican las bases de concurso, será aquel que en menos tiempo rodee el restaurante sin que se le apague la vela.

La prueba, que comenzó como una simple apuesta entre amigos, ha ido ganando en afición con los años. Tanto es así que para esta edición hay inscritos más de cien participantes. El primer premio, otorgado por el Excelentísimo Ayuntamiento de Cabracarnero del Real, consiste en un cheque de doscientos euros y copa conmemorativa; además, todos los participantes tendrán entrada libre para la discoteca "Escándalo" con la primera copa incluida.

La gran novedad para esta edición será la instalación de una sala de curas. Los incidentes del año pasado, con multitud de quemaduras causadas por la cera, han motivado que se haya puesto mayor foco en la seguridad de los participantes. Tras barajar varias opciones, se ubicará en la parroquia de Nuestra Señora de las Mercedes, que ha cedido parte de sus instalaciones. Según palabras de Don Marcelo, el cura del pueblo: "Esta celebración se ha convertido en un día muy importante para todos y estamos orgullosos de poder ayudar".

La organización ya está trabajando en posibles alternativas al recorrido para hacer la carrera más emocionante y atractiva al turismo. Una de las opciones es un cambio de horario que convertiría la prueba en un evento nocturno y así aprovecharía la luz de las velas. Para ello habría que instalar focos de luz en el recorrido, algo complejo por su coste. Otra posibilidad planteada es modificar el itinerario para que pase por el recién reformado "Parque de los Eucaliptus", pero finalmente se ha descartado pues el camino de acceso al parque es muy complicado y la excesiva pendiente sería demasiado dura para los participantes.

El ganador del año pasado, Isopo Lisemia, ha declarado para este periódico que no se ve con opciones reales de optar al triunfo, debido a una lesión de columna que arrastra. Al parecer, hace dos meses sufrió un desafortunado accidente con su motocicleta cuando se dirigía al trabajo y perdió el control, golpeándose contra la columna de la biblioteca pública. Está, por tanto, pendiente de recibir el alta médica para confirmar su esperada presencia.

Al finalizar el evento y tras la entrega de trofeos, grandes y pequeños podrán disfrutar en la carpa municipal de hinchables, con almuerzo y refrescos a precios populares. La recaudación será destinada íntegramente al centro social para financiar las obras de remodelación de la sala de fisioterapia.

COMPRENSIÓN LECTORA

1. ¿Cómo se llama el periódico? ¿En qué sección podemos encontrar la noticia?

   ....

2. ¿En qué consiste la prueba? ¿Cuál es el recorrido?

   ....
   ....

3. Elige la opción correcta:
   - ☐ El primer premio son doscientos euros, una copa y entrada gratis a la discoteca Escándalo.
   - ☐ El primer premio son doscientos euros, una copa y además hay entrada gratis a la discoteca Escándalo para todos los participantes.
   - ☐ El primer y el segundo premio son doscientos euros y una copa conmemorativa.

4. ¿Por qué han decidido instalar una sala de curas?

   ....

6. La vuelta al mundo con vela

5. Ordena las palabras para construir oraciones relacionadas con la lectura ¡Cuidado porque en cada una de ellas hay una palabra intrusa!

   ↗ curas edición esta será la sala una novedad de noticia En

   ....

   ↗ comenzó entre como noticia una apuesta Esta carrera amigos

   ....

   ↗ Isopo accidente iba al tuvo moto noticia Lisemia un cuando de trabajo

   ....

6. ¿Cómo se sienten los habitantes del pueblo? Copia la frase que lo indica.

   ....

7. ¿En qué se empleará el dinero recaudado en la fiesta posterior a la carrera?

   ....

8. Indica verdadero (V) o falso (F) según corresponda:

   ☐ La noticia se publica el 17 de febrero de 2015.

   ☐ El ganador será el que más vueltas de en menos tiempo.

   ☐ La prueba comenzó como una apuesta entre amigos.

   ☐ Hay más de doscientos participantes.

   ☐ El premio son cien euros y una copa conmemorativa.

   ☐ La gran novedad será la sala de curas.

   ☐ Quieren hacer un cambio horario en la prueba para ahorrar dinero.

   ☐ El triunfador del año anterior no ha confirmado su participación por haber sufrido un accidente.

   ☐ Al finalizar la carrera podrán disfrutar de almuerzo e hinchables gratis.

9. Transforma en verdaderas las afirmaciones que has marcado como falsas en el ejercicio anterior.

➚ ....
➚ ....
➚ ....
➚ ....
➚ ....
➚ ....

VOCABULARIO: Palabras Polisémicas

10. En el texto aparecen las siguientes palabras polisémicas. Escribe una frase con cada uno de sus significados:

Las palabras **polisémicas** son aquellas que tienen más de un significado. Ej. copa:

➚ Envase para beber en forma de vaso con pie.
➚ Conjunto de ramas y hojas de la parte superior de un árbol.

Vela:
⤳ Parte del barco que sirve para recibir el impulso del viento.
⤳ Cilindro generalmente de cera que se prende para alumbrar.

➚ ....
➚ ....

Foco:
⤳ Punto en el que se concentra la atención.
⤳ Bombilla de luz.

➚ ....
➚ ....

Pendiente:
⤳ Inclinación del terreno, cuesta.
⤳ Preocupación, tensión por algo que se espera.

➚ ....
➚ ....

6. La vuelta al mundo con vela

11. Busca en la lectura al menos dos polisémicas más e inventa un texto en el que aparezcan las palabras del ejercicio anterior y las nuevas encontradas. Puedes escoger el significado que más te guste:

↗ Vela   ↗ Foco   ↗ Pendiente
↗ ....   ↗ ....   ↗ ....

....
....
....
....
....
....
....
....

12. La palabra "cola" tiene diferentes significados. Lee las oraciones siguientes y escribe al lado el número que corresponda a su definición:

1. Rabo de animal.
2. Plumas que las aves tienen en su extremo posterior.
3. Fila de personas que esperan su turno.
4. Tipo de peinado.
5. En la última posición.
6. Tener consecuencias graves.

☐ María no quería hacerse una cola con el pelo mojado.

☐ Los periquitos no cambian las plumas de la cola.

☐ Sus suspensos traerán cola.

☐ La cola para entrar al concierto cruzaba la calle.

☐ El ciclista iba en la cola de la carrera.

☐ El gato se pilló la cola con la puerta.

13. Elige la opción correcta y haz una frase en la que la palabra tenga el significado escogido.

    "Mono" es un animal, aunque también puede ser:
    ☐　Libro muy pequeño.
    ☐　Traje de pantalón y cuerpo en una sola pieza.
    ☐　Planta del Amazonas.

    ↗ ....

    "Sierra" es una herramienta con una hoja dentada que sirve para cortar, aunque también puede ser:
    ☐　Conjunto de montañas.
    ☐　Mineral de gran valor.
    ☐　Instrumento musical de percusión.

    ↗ ....

    "Caracol" es un animal herbívoro con una concha dura, aunque también puede ser:
    ☐　Envase de metal.
    ☐　Mueble para sentarse.
    ☐　Parte del oído interno.

    ↗ ....

VAMOS A ESCRIBIR: La Noticia

14. Localiza en el texto las respuestas a las preguntas:

    ↗ ¿A quién le sucede?

    ....

    ....

    ↗ ¿Qué ha pasado?

    ....

    ....

    ....

> Una **noticia** es la información que se da de un hecho novedoso y debe dar respuesta a una serie de preguntas sobre ese acontecimiento:
>
> ↗ ¿Quién? O ¿A quién?
> ↗ ¿Qué?
> ↗ ¿Cuándo?
> ↗ ¿Cómo?
> ↗ ¿Dónde?
> ↗ ¿Por qué?

6. La vuelta al mundo con vela

➚ ¿Cuándo?

➚ ¿Cómo ha sucedido?

➚ ¿Dónde?

➚ ¿Por qué?

Las **principales partes** que forman su estructura son:

➚ Titular: debe ser breve, claro y darnos la información sobre el tema de la noticia.
➚ Subtítulo: amplía detalles del titular.
➚ Cuerpo de la noticia: nos da información respondiendo a las preguntas: ¿quién?, ¿qué?...
➚ Foto: en ocasiones las noticias pueden ir acompañadas de una foto que aclare o sea un ejemplo de la información dada.
➚ Pie de foto: una explicación de la imagen.

15. Marca en el texto los elementos o partes que forman la noticia.

16. A la siguiente noticia le falta el titular, una foto o imagen y un pie de foto. Complétala y luego comprueba que da respuesta a las preguntas estudiadas (¿quién?, ¿qué?, ¿cuándo?, ¿cómo?, ¿dónde? y ¿por qué?).

El pasado mes de febrero, un juez de Madrid condenó al propietario de una casa, a una multa de ciento cincuenta euros y a dos meses de trabajo arreglando el jardín de su vecino. El motivo fue haber estropeado todas sus plantas, cuando tras hacer caso omiso, en repetidas ocasiones, de que debía mantener la puerta de su propiedad cerrada, su perro, un mastín de más de 20kg de peso, se introdujo en el jardín contiguo destrozándolo.

17. Ahora elige uno de los siguientes titulares o inventa uno propio y redacta una noticia. ¡No olvides nada de lo estudiado!

- Atrapan a un ladrón por un rastro de gominolas.
- Inauguran por segunda vez el polideportivo de Villagrande.
- Accidente en el parque de atracciones.

Mis notas

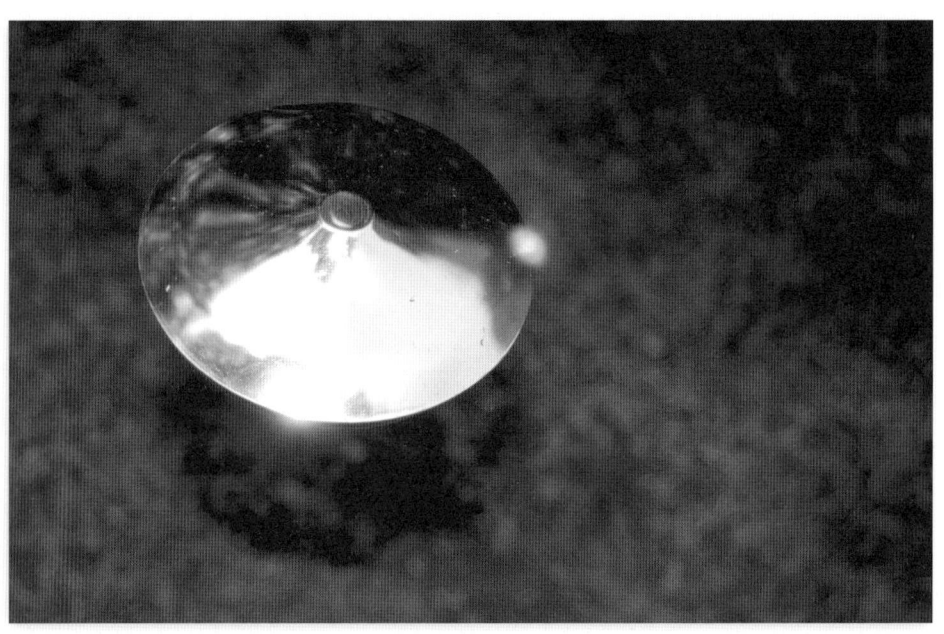

7. Diario de Anok

Diario estelar, fecha terráquea: 3 de agosto de 2014

Tras cientos de años luz de viaje, hoy llego al planeta que sus habitantes llaman Tierra. Estoy algo cansado, ya tengo ganas de aterrizar y estirar las piernas, las cinco. Vengo en misión científica, pues nuestros sistemas han detectado indicios de vida inteligente, aunque yo creo que es poco probable. Lo cierto es que nadie espera grandes resultados de esta misión, quizás por eso me han enviado a mí.

Diario estelar, fecha terráquea: 5 de agosto de 2014

La nave ha atravesado la atmósfera terrestre, no sin dificultades, pues su órbita está llena de cacharros que los terrícolas llaman satélites. No sé para qué sirven, por si acaso he cogido varios. Uno se llamaba Meteosat, otro GPS.

Ignoro por qué narices lo llaman Tierra cuando la mayoría de su superficie está cubierta de agua. Es un indicativo del nivel de inteligencia de sus habitantes, los humanos. Añado una cara enfadada y una pegatina roja a su valoración.

Diario estelar, fecha terráquea: 6 de agosto de 2014

Localizo un lugar adecuado para el aterrizaje. Es un país llamado España, *Spain*, *L´Espagne*. Analizando su estructura desde las alturas, llego a la conclusión de que se compone básicamente por grúas, bares y chiringuitos en la playa. Decido aparcar la nave en un lugar fácilmente localizable para poder encontrarla posteriormente.

Elijo algo llamado Torre del Oro en Sevilla. La población se vuelve histérica al ver mi nave y tengo que huir.

Elijo entonces la Sagrada Familia, Barcelona. La población se vuelve histérica al ver mi nave y tengo que huir.

Elijo el Pirulí de RTVE. Destruyo sin querer las comunicaciones del país y tengo que huir.

Elijo el parking de Carrefour Getafe, Madrid, zona 5. Parece que nadie grita. Compruebo las puertas, hago invisible la nave y aprovecho para comprar palomitas de colores. ¡Ummmmm, lujazo!

Diario estelar, fecha terráquea: 7 de agosto de 2014

Mi búsqueda de humanos es un fracaso. La ciudad está prácticamente desierta. Para no levantar sospechas, he decidido adoptar la forma de

Brithney Spears. Un señor jubilado me informa de que en agosto no hay nadie en Madrid, que están todos en Benidorm y que él no ha ido por un problema que tiene con el gandul de su yerno. Prefiero no coger la nave y decido trasladarme en AVE, ida y vuelta 120 euros, cómo están los precios.

Al subir al tren me informan de que llegaremos con retraso. Al parecer, alguien ha estropeado las comunicaciones (upsss) y además han desaparecido varios satélites (doble upsss). ¡Gentuza! Aprovecho el rato para analizar humanos. Por suerte, los tiempos han cambiado y ya no secuestramos especímenes para diseccionarlos. Aquello dejaba la nave hecha un asco y luego no había quien sacara las manchas del suelo, por no hablar del jaleo que se armaba. Ahora sólo los congelamos y los guardamos en bolsas herméticas.

Diario estelar, fecha terráquea: 8 de agosto de 2014

Ya me encuentro plenamente adaptado a la fauna local. ¡Y me encanta! He comprado un cochazo con cuatro ruedas, espejo retrovisor y gato (inerte). Con el hospedaje he preferido ser más discreto y me he instalado en un pisito de cuatrocientos metros cuadrados, suelos de mármol y jacuzzi.

También me he acondicionado al vestuario de la zona, sombrero mejicano, calcetines hasta las rodillas y chanclas de tiras. Debo confesar que he tenido algún que otro problemilla con ese tema. Al ver que un gran subgrupo de terrícolas (que aquí llaman guiris) paseaban sin camiseta, decidí hacer lo mismo. Parece que esa práctica está reservada para los del género masculino (absurdo) y esto originó un incidente con la policía local. Afortunadamente lo solucioné firmándoles un par de autógrafos y la promesa de pases VIP para mi nuevo *World Tour 2015, Brithney on the road*.

Estoy algo preocupado. He intentado conectar varias veces con mi planeta, pero sigo sin noticas de Gurb. Empiezo a pensar que esto más que una misión era un exilio y que no tienen intención de dejarme volver. Para consolarme, me meto entre pecho y espalda trece cervezas, un malibú con piña y veinticuatro tapas de morcilla de Burgos.

Diario estelar, fecha terráquea: 9 de septiembre de 2014

Finalmente mis sospechas se han hecho realidad, no me dejan volver a Gurb. He decidido no preocuparme más, que no pienso ir a donde no me quieran, que "pa' chulo yo". Como debo ganarme la vida humilde y honradamente, he materializado un hotel en las afueras con tres piscinas, quinientas habitaciones, spa, mini club y barra libre de 21:00h a 23:00h. Tuve algún problema con un hombrezucho, un funcionario del ayuntamiento

7. Diario de Anok

por no sé qué tema de licencias, pero lo arreglé con un cheque de cien mil euros y dos entradas para la final de la Champions.

Diario estelar, fecha terráquea: 25 de marzo de 2015

Tras más de medio año en la Tierra, he encontrado la felicidad. El hotel va viento en popa e incluso me dejan ir sin camiseta, dicen que atrae al turismo. No voy a negar que en ocasiones me acuerde de Gurb, echo de menos mis paseos a cinco piernas y los viajes estelares, pero… ¿en qué otro lugar del espacio sirven cañas y bravas?

Homenaje al maestro Eduardo Mendoza

COMPRENSIÓN LECTORA

1. ¿Por qué viaja Anok a la Tierra? Elige la respuesta correcta:
   - ☐ Lo han enviado en misión científica porque es el ser más inteligente de su planeta.
   - ☐ Viene a analizar a los humanos para montar un negocio y hacerse rico.
   - ☐ Le han dicho que lo envían en misión científica pero lo que quieren es que no vuelva a su planeta.

2. ¿Por qué se han estropeado las comunicaciones del país?

3. ¿Qué decide hacer Anok mientras va en el tren?

4. ¿Por qué ya no diseccionan humanos?

5. ¿Qué tres cosas hace para adaptarse al planeta Tierra?
   - ↗
   - ↗
   - ↗

Historias con **huella** 2

6. ¿Qué decide hacer para ganarse la vida?

7. Escribe aquello que echa de menos de su planeta y lo que más le gusta del nuestro.

GURB	TIERRA

8. Anok intenta aterrizar en La Torre del Oro de Sevilla, La Sagrada Familia de Barcelona... que son monumentos importantes de España. ¿Qué otros monumentos destacados de nuestro país conoces tú? Escribe al menos tres y explica un par de líneas sobre ellos.

↗

↗

↗

9. Nuestro amigo extraterrestre, tras decidir quedarse en la Tierra ha enviado un mensaje a su planeta. ¿Podrías descifrarlo? ¡PISTA!: averigua con qué letra de nuestro abecedario se corresponde cada número.

9OR F1N H3 3NC0N7R4D0 M1 V3RD4D3R0 H064R
N0 3593R315 M1 R36R3S0, N1 QU3 05 3NV13 UN4 9O5T4L
4N0K

1 ___ 3 ___ 4 ___ 5 ___ 6 ___ 7 ___ 9 ___ 0 ___

VOCABULARIO: Aumentativos, Diminutivos y Despectivos

10. En la lectura aparecen las siguientes palabras, localízalas y completa el cuadro transformándolas según corresponda.

AUMENTATIVO	Lujazo
DIMINUTIVO	
DESPECTIVO	

AUMENTATIVO	
DIMINUTIVO	
DESPECTIVO	Gentuza

AUMENTATIVO	Cochazo
DIMINUTIVO	
DESPECTIVO	

AUMENTATIVO	
DIMINUTIVO	Pisito
DESPECTIVO	

AUMENTATIVO	
DIMINUTIVO	Problemilla
DESPECTIVO	

AUMENTATIVO	
DIMINUTIVO	
DESPECTIVO	Hombrezucho

Aumentativos

Los **aumentativos** son palabras que indican que algo es de mayor tamaño o mayor importancia. Ej.: casota, camionazo...

Se forman añadiendo a las palabras los sufijos: -ote, -ota, -ón, -ona, -azo, -aza.

Diminutivos

Los **diminutivos** indican que algo es pequeño aunque también se utilizan para expresar cariño. Ej.: casita, Miguelito...

Los formamos añadiendo los sufijos: -ito, -ita, -ico, -ica, -illo, -illa, -ín, -ina.

Despectivos

Los **despectivos** indican desprecio o poco valor. Ej.: gentuza, casucha...

Se forman añadiendo los sufijos: -ucho, -ucha, -uzo, -uza, -ajo, -aja, -aco, -aca.

11. Escribe los aumentativos, diminutivos y despectivos de las palabras indicadas y subraya los sufijos que has añadido para formarlas:

AUMENTATIVOS

Cámara	
Vaso	
Payaso	

DIMINUTIVOS

Silla	
Galleta	
Vestido	

DESPECTIVOS

Raya	
Trabajo	
Miga	

12. En los siguientes listados de palabras se han colado algunas que no son aumentativos, diminutivos o despectivos. Encuéntralas y rodéalas:

AUMENTATIVOS

Comilón	Osazo	Sillón	Capote	Papelón
Camaleón	Narizota	Taza	Gatazo	Cazo

DIMINUTIVOS

Bocina	Chavalillo	Castillo	Librito	Tomillo
Silla	Cucharilla	Cortinita		Pequeñina

DESPECTIVOS

Hierbajo	Baraja	Escucha		Bichajo
Cucurucho	Caperuza	Casucha		Malucho

13. Relaciona cada una de las siguientes palabras que aparecen en la lectura con su definición y escribe una frase con las cuatro que tú escojas.

Localizable	Que se cierran de modo que no permiten pasar el aire ni los fluidos.
Especímenes	Sensato, prudente, que guarda cautela o actúa con moderación, sin excesos.
Herméticas	Hecho de encontrarse lejos de la tierra en que se vive, ya sea de forma voluntaria u obligatoria.
Hospedaje	Permiso para hacer algo. Este puede ser oral o en forma de documento.
Discreto	Algo que sucede en el curso de un asunto y cambia su devenir.
Incidente	Que se puede encontrar.
Exilio	Lugar donde alojarse.
Licencia	Muestras o ejemplares representativos de un tipo de objeto o seres.

↗ ....
↗ ....
↗ ....
↗ ....

14. En la lectura Anok dice: "Ignoro por qué narices lo llaman Tierra cuando la mayoría de su superficie está cubierta de agua. Es un indicativo del nivel de inteligencia de sus habitantes los humanos." ¿A qué se refiere? Explica su significado.

15. Nuestro amigo el extraterrestre encuentra unos aparatos llamados satélites, aunque no conoce su utilidad. ¿Y tú? Busca información en internet, enciclopedias o pregunta en casa y explica qué son, cómo son y para qué sirven.

VAMOS A ESCRIBIR: El Diario Personal

16. ¡Toca practicar! Escribe una página de tu diario personal. Puedes empezar presentándote, contando quién eres y las cosas que te gustan, o relatar todo lo que te ha sucedido durante el día y cómo te has sentido ¡No olvides poner la fecha!

Un **diario personal** es un cuaderno en el que se recogen hechos cotidianos, acontecimientos significativos y pensamientos íntimos, día a día o con mucha frecuencia.

Cada intervención suele iniciarse con la fecha y se escribe en primera persona.

7. Diario de Anok

17. A continuación vamos a escribir otra página de nuestro diario pero imaginando que somos una persona distinta y en una situación o época diferente a la actual. Elige una de las opciones que hay a continuación y escribe cómo sería un día en ella.

    Antes de "cambiar de cuerpo", busca información que te ayude a que tu diario sea más real. Para ello puedes utilizar el siguiente esquema o elaborar uno propio.

    Hija/o de un faraón egipcio.   Hijo/a de un esclavo romano.

    Hija/o de un comerciante que ha emigrado a la India.

Historias con **huella** 2

↗ ¿Quién eres?, ¿cuántos años tienes?, ¿en qué país vives?

↗ ¿Cómo viven en ese país o época?, ¿qué comes?, ¿qué actividades realizas de forma habitual?, ¿cómo vas vestido?, ¿qué idioma hablas?

↗ ¿Qué es lo más difícil o lo que menos te gusta de tu nueva vida?, ¿qué es lo mejor?

7. Diario de Anok

8. Vendedor de deseos

En la Rusia del zar Nicolás I los inviernos eran tan duros que el frío dolía en los huesos. Aquel enero de 1840 no dio tregua y no hubo ni una sola mañana que Moscú no encontrara a algún pobre desafortunado que no hubiera tenido la suerte de encontrar refugio a tiempo. Por eso todos los padres insistían para que sus hijos no se entretuviesen al acabar el colegio y volvieran rápidamente a casa.

Andrey miraba el reloj con preocupación. La clase de música se había alargado más de la cuenta y fuera oscurecía. Se había entretenido más que de costumbre. No se había dado ni cuenta, porque le encantaba estar rodeado de instrumentos. Violines y violonchelos cobraban vida en sus pequeñas manos. Su maestro, Vladimir Rachmaninov, opinaba que tendría un gran futuro y un puesto asegurado en la gran orquesta rusa. Andrey sabía que no sería así, sus padres ya le habían dicho que no podrían seguir pagando las clases. Ese sería su último año en el conservatorio.

Pero no era la oscuridad el mayor problema con el que se tendría que enfrentar. La noche había traído una fuerte tormenta de viento y nieve que hacía casi imposible caminar por las calles. La mayoría de tiendas, que sabían que con aquel temporal nadie se atrevería a pasear, habían cerrado y eso hacía que apenas unas pocas luces alumbraran el camino. Se abrochó el abrigo y miró hacia fuera: temía no ser capaz de llegar a casa.

No andaba muy equivocado pues, tras un buen rato, solo había conseguido atravesar unas pocas calles y hacía tanto frío que ya no sentía los dedos. Pensó que lo mejor sería descansar. Aprovechó un callejón para resguardarse. En la avenida principal se apagaron las últimas luces y quizás por eso pudo ver, al final del callejón, una tienda apenas iluminada por el tintineo de un par de velas. Tuvo curiosidad y se acercó. Un extraño letrero presidía la fachada:

VENDEDOR DE DESEOS

Lo que quieras desear a cambio de lo que puedas dar.
Aquí lo encontrarás todo al alcance de todos.

RESULTADO GARANTIZADO

¿Vendedor de deseos? Nunca había oído nada parecido. Los cristales estaban empañados y no se apreciaba qué habría dentro del local. Se moría de la curiosidad. Acercó la cabeza hasta empotrar la nariz, pero no acertó a distinguir nada. De repente la puerta cedió y se abrió. El pobre Andrey cayó de bruces al suelo. Antes de que pudiera levantarse, unos pesados pasos se acercaron y alguien preguntó:

—¿Estás bien, chaval? ¿Te has hecho daño?

—No, no –contestó Andrey–. Perdóneme, estoy bien.

Se levantó y por fin pudo ver de quien se trataba. Un anciano le tendía amablemente la mano. El hombre se dio la vuelta mientras le decía:

—Sígueme, tengo lo que andas buscando.

Andrey, quizás porque todavía estaba algo aturdido del golpe, le siguió sin preguntar. Él no buscaba nada, al menos eso creía, pero estaba intrigado. Avanzaron por la tienda, que era sorprendentemente larga. A ambos lados se amontonaban todo tipo de cajas: grandes cajones, pequeñas cajitas, arcones de madera, antiguos cofres… pero ni una pista de lo que podrían contener. Incapaz de comprender nada, el chico dijo:

—Yo no necesito nada, sólo me resguardaba de la nieve.

—Todo el mundo tiene un deseo –respondió el anciano– y hoy tienes la oportunidad de conseguirlo.

—Yo no deseo nada –respondió algo incómodo Andrey– y, aunque lo deseara, no tengo dinero para pagarlo.

El hombre se encogió de hombros. Caminó unos pasos más y se sentó tras una polvorienta mesa de caoba. Le miró fijamente a los ojos y contestó:

—Andrey –el chico se sobresaltó, pues no le había dicho su nombre–, aquí no se paga con dinero. El trato es muy sencillo. Yo te daré lo que tú deseas, tú me pagarás con lo que tengas. Si no estás de acuerdo eres libre de marcharte, pero jamás, y recuerda, jamás, volverás a tener esta oferta.

Estaba desconcertado. Aquel hombre estaba dispuesto a concederle sus deseos, pero, ¿qué deseaba? Y si no quería dinero, ¿qué le pediría a cambio? Antes de que pudiera aclarar su mente, el anciano le dijo:

—No le des más vueltas, aquí no hay truco. Ya lo has leído en mi cartel, soy un simple vendedor. Tu deseo está dentro de una de esas cajas que están a tu espalda. Si no te interesa, el invierno te espera fuera.

Andrey se giró y miró la inmensidad de cajas que le rodeaban. Le pareció imposible que pudiera encontrarla, pero no fue así: la caja le eligió. Se trataba de una cajita, poco más grande que un libro, con los bordes dorados y un delicado cierre. La cogió con ambas manos. Dudó. Sintió miedo y devol-

8. El vendedor de deseos

vió la caja a su sitio. Pero, justo antes de irse, la curiosidad le pudo y quiso levantar solo un poco la tapa. Abrió despacito el cierre y de repente… una gran luz iluminó la sala y la caja cayó al suelo.

El viejo, no sin problemas, se agachó a recogerla. La miró satisfecho, sin duda había sido un gran día. Sin prisa, volvió a su mesa de caoba y la dejó en el centro. Abrió el cierre y una maravillosa música salió de su interior. Era la música de Andrey. La misma música que él tocaba pocos minutos antes en la clase, acompañado de su violín, ahora volvía a sonar. Y era el propio Andrey el que lo hacía, pero encerrado para siempre en una caja de madera. Encerrado en su cárcel de madera, compondría obras maestras, dirigiría orquestas. El chico había comprado su deseo, disfrutaría para siempre creando melodías. A cambio, el vendedor, como había prometido, conseguiría de él lo único que tenía, lo único que le podía dar: su música. Trato hecho.

COMPRENSIÓN LECTORA

1. ¿En qué siglo y continente transcurre la historia?

2. ¿Por qué los padres no querían que sus hijos se entretuviesen a la salida del colegio? Elige la respuesta correcta:
   - ☐ Para que no hablaran con extraños.
   - ☐ Porque hacía tanto frío que podían tener problemas para volver a casa.
   - ☐ Porque el zar Nicolás I había impuesto el toque de queda.

3. ¿Dónde se le hizo tarde a Andrey? ¿Por qué?

4. ¿Tenía Andrey un puesto asegurado en la gran orquesta rusa? ¿Por qué?

5. Ordena las palabras para construir frases relacionadas con el texto ¡Cuidado porque en cada una de ellas hay una palabra intrusa!

   entretuvo de se Andrey deseo en lo música clase de habitual más

   _____

   cristales Los no veía y local del nada empañados deseo estaban

   _____

6. ¿Cuál era el gran deseo del muchacho? ¿Qué pagó por conseguirlo?

   _____

7. Subraya los errores que hay en cada oración. A continuación escríbelas correctamente para obtener un resumen de la lectura.

   Andrey era un chico cuya gran pasión era la danza, aunque no podía dedicarse a ella debido a que no se le daba muy bien.

   _____

   Una fría tarde de otoño volvía a casa después de clase pero la luz y una fuerte tormenta no le permitían avanzar, así que decidió llamar a sus padres para pedir ayuda.

   _____

   De pronto una cafetería llamó su atención y sin darse apenas cuenta se encontró dentro, mientras una joven muchacha, le ofrecía cumplir su mayor deseo a cambio de unas monedas.

   _____

   Al principio el chico desconfió, pero la alegría hizo que finalmente le diera las moneditas.

   _____

   La señora le engañó y no cumplió su deseo, aunque le dejó marchar.

   _____

8. El vendedor de deseos

8. La historia sucede en la Rusia del zar Nicolás I. ¿Quién fue este personaje? Escribe cuatro o cinco líneas explicándolo. Puedes ayudarte del siguiente guión para buscar información.

- Fecha de nacimiento y defunción.
- Dinastía a la que perteneció.
- Cómo accedió al trono.
- Qué caracterizó su gobierno.

VOCABULARIO: Familia De Palabras

9. Clasifica las siguientes palabras según la familia a la que pertenezcan.

Color
Caluroso
Colorante
Escenografía
Coloreado
Escenas
Escenario
Descolorido
Escenificar
Caliente
Calor
Incoloro
Acalorado

Las **familias de palabras** son aquellos grupos de palabras que están relacionados por su significado y comparten el mismo lexema o raíz.

Ej.: niño - niñita - aniñado - niñera - niñez - niñería...

10. Completa las siguientes oraciones con las palabras del recuadro:

   Unísono   Insonorizado   Resuenan   Son   Sonido

   → Todos los chicos bailan al .... de los tambores.
   → Ante las quejas de los vecinos han .... la sala de fiestas.
   → El .... del agua era muy relajante.
   → Todos los violines tocaron al ....
   → Cada vez que lo vacunan sus gritos .... en todo el hospital.

11. Señala la raíz o lexema de las siguientes palabras y tacha las que no pertenecen a la familia:

   → Humeante   ahumado   humo   humedad   humareda
   → Campestre   campesino   campanario   acampada   camperas
   → Salero   salida   salado   saleroso   salitre   salazón

12. Subraya todas las palabras del texto que pertenezcan a la misma familia y haz una oración con cada una de ellas.

   Había llegado el verano y por fin podía dormir y recuperar todo el sueño acumulado durante la época de exámenes. Iría a casa de sus abuelos y eso le encantaba. Allí desde su dormitorio podía ver el mar, jugar en el jardín con sus primos y con aquel perro dormilón. También se bañaría en la piscina hasta caer de cansancio y quedar adormecido sobre la hierba.

   → ....
   → ....
   → ....
   → ....
   → ....
   → ....

8. El vendedor de deseos

13. Busca un antónimo para cada una de las siguientes palabras que aparecen en la lectura.

- Desafortunado: ....
- Oscurecía: ....
- Aprovechó: ....
- Resguardarse: ....
- Pesados: ....
- Avanzaron: ....

14. Busca en el diccionario el significado de las siguientes palabras y escribe una frase con cada una de ellas:

- Caoba: ....
- Empotrar: ....
- Aturdido: ....

15. Subraya en la lectura la siguiente expresión y explica su significado con tus palabras:

"El pobre Andrey cayó de bruces al suelo"

....
....

VAMOS A ESCRIBIR: El Anuncio Publicitario

Un **anuncio publicitario** es un texto que pretende llamar la atención del lector sobre un producto.

Suele utilizar imágenes y un lenguaje directo y fácilmente comprensible, aunque este puede variar en función del público al que vaya dirigido.

Sus principales elementos son:

- Eslogan: frase concisa y pegadiza relacionada con el producto.
- Logotipo: a menudo aparece junto al eslogan. Es un dibujo o imagen que identifica la marca del producto.
- Texto informativo: en el que se dan los datos fundamentales.
- Imagen.

16. Escoge un anuncio de un periódico, revista, algún comercio... y señala los elementos que lo constituyen (eslogan, texto, logotipo e imagen), así como la información que proporciona:

- Nombre del producto: ....
- Características: ....
  ....
  ....

- A quién va dirigido: ....
- Qué han utilizado para convencer: ....
  ....
  ....

17. Imagina que eres un publicista y debes conseguir que tus productos sean conocidos por el mayor número de personas posibles, además de los más usados. Elige dos de los productos señalados a continuación y completa los siguientes aspectos:

   Pañales   Un chalé   Una videoconsola   Un perfume

- Cuál es el producto: ....
- Qué características reales tiene: ....
  ....
  ....

- Qué ventajas ofrece con respecto a otros de su misma clase: ....
  ....
  ....

- A quién va dirigido: ....
- Dónde se publicitará: ....
  ....
  ....

8. El vendedor de deseos

18. Ahora ayudándote de la información del ejercicio anterior elabora tus propios anuncios. ¡No olvides ninguno de sus elementos!

   ↗ Inventa un nombre para tu producto y un eslogan que invite a su compra.
   ↗ Añade un texto informativo con los datos más importantes de tu producto.
   ↗ Escoge una imagen o dibujo llamativos.

Roberto II de Normandía lucha contra los musulmanes durante el Sitio de Antioquía (1097-1098).

9. La Cruzada de los Príncipes

Jerusalén (7 de Julio de 1099 d. C.)

Querida Amélie,

Espero que cuando recibas esta carta estés bien. Ha sido un camino largo dejarte a ti, Amélie, mi amada esposa, a los niños, a mi Francia natal. Yo sabía, cuando me enrolé al ejército, que la vida de soldado era difícil, pero no me imaginaba que teneros lejos de mí iba a ser tan duro.

Finalmente, tras mucho tiempo, hemos llegado a Jerusalén. Estoy a las órdenes del duque D. Godofredo de Bouillón, pero hay aquí soldados de toda Europa que van a dar su vida por rescatar esta ciudad del dominio de los musulmanes. No es mi señor Godofredo el único noble que viaja con nosotros, hay muchos y por eso a esta guerra la han llamado La Cruzada de los Príncipes.

Por el camino hemos conseguido liberar, tras agotadoras batallas, las ciudades de Nicea, Dorilea y Antioquia, que sufrían la ocupación musulmana. Ahora todas son cristianas y sus habitantes están muy agradecidos al ser gobernados por reyes cristianos. Ya han empezado a reformar las antiguas mezquitas y en su lugar están construyendo nuestras iglesias, que serán el orgullo de sus habitantes. Pero tanta batalla ha mermado nuestras tropas, no seremos más de doce mil almas, un tercio de los que partimos y se nos antoja difícil invadir una ciudad tan bien protegida como la de Jerusalén.

Aunque recargamos provisiones en todas aquellas ciudades que conquistamos, ya se están acabando. El agua de los pozos que rodean Jerusalén está envenenada. Ya hay gente que ha muerto de hambre y los que no lo hemos hecho, nos estamos alimentando con cosas que nunca me creí capaz de comer. Pero no sufras porque tenemos a Dios de nuestra parte. El Papa, S. S. Urbano II, nos ha prometido el perdón de todos los pecados y el cielo a aquellos que luchemos para liberar esta Tierra Santa, así que no hay miedo a morir. Dentro de la ciudad dicen que está el Santo Sepulcro, el lugar donde enterraron a Jesucristo y es voluntad de Dios que lo liberemos de la ocupación de los infieles.

Pronto tendrá lugar la batalla final. Amor mío, ten por seguro que si no vuelvo a casa nos encontraremos en otra vida, en el Paraíso.

Fdo.: Jean Claude Giroud

Jerusalén, 22 Cha'bân 492 (14 de Julio de 1099 d. C.)

Querida Fátima,

No sé si recibirás esta carta; si es así, todavía me encuentro bien. Han sido seis largos meses desde que te fuiste con los niños al poblado de mis padres, pero el tiempo nos ha dado la razón, al menos vosotros podréis sobrevivir. Es muy doloroso que estemos separados, sin embargo soy un soldado y no tengo más remedio que permanecer aquí, si huyera me buscarían y me ejecutarían. Como nos contaron, el ejército cristiano ha llegado. Llevan seis semanas acampados fuera de la ciudad y no pararán hasta que nos destruyan. Nuestro gobernador Iftikhar ad-Daula nos anima a que resistamos, dice que ha envenenado los pozos y que los cristianos no podrán aguantar más.

Las noticias que llegan son tristes. Cuentan que los cristianos, en su camino hasta aquí, han invadido las ciudades de Nicea, Dorilea y Antioquia, matando a la mayoría de nuestros hermanos musulmanes. Los que quedan están desesperados porque se sienten oprimidos por los nuevos reyes que ahora los gobiernan. Incluso han entrado en nuestras sagradas mezquitas y, en su lugar, están construyendo iglesias cristianas, para vergüenza de nuestros hermanos de fe.

Aunque teníamos muchas provisiones, los infieles tienen rodeada la ciudad y no podemos conseguir nada de fuera. Comemos sólo una vez al día, el día que lo hacemos y aunque me cueste decirlo, tanta hambre hay, que incluso con las ratas hemos acabado. Ellos también parece que sufren por la comida, pero hace poco llegaron unos barcos genoveses que les trajeron provisiones y, además, aprovecharon la madera de los barcos para construir torres de asedio que usan para atacar nuestras murallas.

No sufras por mí porque, aunque muera, esta es la Jihad, la Guerra Santa, y dice nuestra religión que los que muramos defendiendo nuestra fe tenemos garantizado el paraíso, así que no tememos la muerte. No podemos permitir que los cristianos se hagan dueños de uno de nuestros sitios más sagrados, la Mezquita de la Roca, ahí donde estuvo el profeta Mahoma. Alá guiará nuestra mano para defender su templo.

Pronto tendrá lugar la batalla final. Amor mío, ten por seguro que si no vuelvo a casa, nos encontraremos en otra vida, en el Paraíso.

Fdo: Youssef ibn Al-Walid

9. La cruzada de los príncipes

COMPRENSIÓN LECTORA

1. ¿Quiénes escriben las cartas? ¿Desde dónde? ¿A quién van dirigidas?

   ....
   ....

2. Fíjate en la fecha. ¿Están escritas en la misma época? ¿Por qué?

   ....

3. ¿Qué nombre le han dado los cristianos a la guerra? ¿Por qué?

   ....

4. ¿Por qué motivo luchan los cristianos y qué defienden?

   ....
   ....

5. ¿Por qué motivo luchan los musulmanes y qué defienden?

   ....
   ....

6. Señala a qué bando se asocia cada afirmación y explica con tus palabras en qué se parecen y en qué difieren:

	Musulmanes	Cristianos
Están lejos de su familia por la guerra.		
Han liberado las ciudades de Nicea, Dorilea y Antioquía.		
Se avergüenzan de las nuevas construcciones.		
Han muerto muchos soldados en su bando.		
Han envenenado los pozos.		
Han robado los alimentos.		
Si mueren en la guerra van al Paraíso.		

Historias con **huella** 2

↗ Coinciden en: ....

↗ Difieren en: ....

7. Completa las siguientes oraciones relacionadas con la lectura, utilizando las siguientes palabras:

| Enterraron | Profeta | Santo Sepulcro | Cristianos |
| Musulmanes | Defenderlo | Liberarlo | Mezquita de la Roca |

↗ Para los ...., en Jerusalén se encuentra el ...., lugar donde .... a Jesucristo y deben ....

↗ Para los ...., en Jerusalén se encuentra la ...., donde estuvo el .... Mahoma y deben ....

8. Resume en tres líneas el contenido de cada carta:

↗ ....

↗ ....

102

VOCABULARIO: Abreviaturas y Siglas

9. En la lectura aparecen las abreviaturas Fdo., d. C., S. S. y D. que significan Firmado, después de Cristo, Su Santidad y Don. Señala tú ahora el significado correcto de las que aparecen a continuación e inventa una oración con cada una de ellas.

   ↗ El significado de a. m. es:

   ☐ A media noche.
   ☐ Antes del mediodía.
   ☐ Antes de morir.

   ↗ El significado de Admón. es:

   ☐ Administración.
   ☐ Admiración.
   ☐ Almidón.

   ↗ El significado de Apdo. es:

   ☐ Apretado.
   ☐ Apurado.
   ☐ Apartado.

Abreviaturas

Una abreviatura es una palabra a la que quitamos letras centrales o finales para que sea más corta. Ej.:

Dra. ⟶ Doctora
Srta ⟶ Señorita.

Siglas

Una sigla es una letra inicial o varias (si se trata de un nombre compuesto), que se usan como abreviatura. No se escriben con punto y no varían con el plural. Ej.:

IES ⟶ Instituto de Educación Secundaria.

10. Averigua el significado de las siguientes siglas:

    ↗ ONG:
    ↗ MEC:
    ↗ SIDA:
    ↗ DNI:

11. Une cada sigla con su significado y haz oraciones con las cuatro que tú elijas:

ONU	Boletín Oficial del Estado
ESO	Unión Europea
BOE	Organización de las Naciones Unidas
UE	Real Academia Española
RAE	Educación Secundaria Obligatoria

↗ ....
↗ ....
↗ ....
↗ ....

12. Escribe las abreviaturas de las siguientes palabras.

Atentamente		General	
Derecha		Adjetivo	
Descuento		Femenino	

13. Completa las oraciones con las siguientes abreviaturas y siglas:

CCAA   Izq.   Dpt.   Avda.   Máx.   Edif.   Mín.

↗ Marcos vive en la .... Pintor Sorolla, ... Albir, bajo ....

↗ Para el examen tenemos que hacer un mapa de las ....

↗ Al final del pasillo había un cartel que decía: .... Lengua.

↗ En la gráfica de las temperaturas aparecían las palabras: .... y ....

VAMOS A ESCRIBIR: La Carta

14. Lee de nuevo las cartas de Jean Claude y Youssef, y señala en ellas los diferentes elementos que las componen.

15. Escribe dos tipos de saludos y despedidas, según sea la carta para:

Una **carta** es un mensaje escrito que una persona envía a otra que no está presente.

➚ Si el destinatario es alguien cercano: familiar, amigo... el lenguaje utilizado será informal.
➚ Si el destinatario es alguien desconocido o con el que no tenemos una relación de confianza, el lenguaje será más formal.

Elementos que la componen:

➚ Fecha y lugar desde donde se escribe.
➚ Saludo.
➚ Texto principal.
➚ Despedida.
➚ Firma.

Tu mejor amiga

Saludos	
Despedidas	

Tu abuela

Saludos	
Despedidas	

Un vecino

Saludos	
Despedidas	

El director del conservatorio

Saludos	
Despedidas	

16. Escribe una carta con cada una de las situaciones planteadas. No olvides poner los elementos estudiados y adaptar el lenguaje en función del destinatario.

➔ Invitas a tu primo preferido a pasar contigo las fiestas de tu pueblo.

9. La cruzada de los príncipes

↗ Escribes al director del instituto para saber si tienes plaza en el curso que solicitaste.

10. El ingenioso ratón

Cuentan que hace muchos años, cuando aparecieron los primeros animales en la Tierra, estaban muy despistados ya que no se conocían unos a otros. Andaban con mucho ojo porque no sabían si su vecino sería como un manso corderito o un gran depredador que acabaría con ellos en un par de bocados.

Uno de los pocos que no tenía esas preocupaciones era el elefante. Gracias a su enorme tamaño y sus largos colmillos asustaba a cualquiera que se topara con él. Y, aunque no se alimentaba de carne, todos le evitaban porque el inconsciente que se atrevía a meterse con él, se llevaba de regalo un buen zarandeo por parte del paquidermo.

Una calurosa mañana, paseaba por la sabana el elefante cuando vio un rincón muy agradable junto a una gran roca, por donde transcurría un río. Pensó que era el sitio perfecto para descansar, pues además había unos árboles que ofrecían la sombra que andaba buscando en aquel día tan soleado. Pero resulta que en aquella roca tenía un ratón su madriguera, al cual todo lo que le faltaba de altura le sobraba de coraje. El ratón, al ver al elefante con intención de sentarse, plantando su descomunal trasero frente a su puerta, ni corto ni perezoso se dirigió a él.

—¡Eh, tú, barrigón, sal ahora mismo de mi jardín o te las verás conmigo! —dijo amenazante el ratoncito.

—¿Quién eres tú, insignificante microbio, y cómo osas dirigirme la palabra? —respondió ofendido el elefante.

—Veo que no me conoces y por eso te daré una oportunidad. Soy conocido como el animal más poderoso de la sabana. Y no sólo por mi fuerza, sino por mis poderes.

El elefante no creyó al ratón, pero tampoco las tenía todas consigo. Sin embargo el ratón, al ver la cara de desconcierto de su enorme contrincante, siguió con su plan.

—¿Ves aquel enorme animal que hay encima de la colina? —dijo el ratón señalando a un hermoso caballo blanco—. ¿Sabes por qué está allí arriba tostándose al sol y no viene aquí a refrescarse como quieres hacer tú? Pues porque sus hermanos se atrevieron ayer a enfrentarse a mí y sufrieron de mi magia. ¡Y suerte tuvieron que no quise usar mi fuerza!

—Eso es mentira —respondió sin dudarlo el elefante—. Ese animal, con las patas tan grandes, te aplastaría fácilmente igual que yo.

—¡Ah! ¿No me crees? Ven y te lo enseñaré.

El roedor llevó al elefante cerca de allí, donde sabía que solían pastar unos ponis.

—¿Ahora me crees? Mi magia ha hecho que esos caballos encojan. Y gracias a que ayer estaba de buen humor, si no les hubiera reducido al tamaño de un colibrí.

Al elefante, que era algo miope, le pareció que los ponis eran como caballos pequeñitos y, aunque no se acababa de creer que un animal tan diminuto tuviera tanto poder, decidió que no valía la pena jugársela por tan poco, así que se fue.

Pero un gato, que había estado viendo todo lo ocurrido, pensó que podría sacar partido de la situación. Llevaba ya mucho tiempo tratando de cazar al ratón sin éxito, porque el animal era tan astuto que jamás conseguía atraparlo. Se acercó al elefante y le contó que el ratón le había engañado y que no tenía poderes algunos. Así que el elefante, rojo del enfado, volvió acompañado por el gato para darle su merecido.

El ratón, que vio aparecer a los dos animales juntos, imaginó que le habían descubierto pero, lejos de asustarse, decidió seguir con el engaño.

—¿Así que has vuelto a molestarme? Pues ahora no seré tan indulgente como con el caballo y te daré un castigo. Ya que has visto de lo que es capaz mi magia, probarás mi fuerza.

El elefante levantó una de sus enormes patazas para aplastar al roedor pero este, que era más rápido que la luz, se escabulló atravesando una gran pared de piedra por un agujero, lo suficientemente pequeño como para que el gato tampoco pudiera seguirle. El elefante, que pensó que el agujero no tendría salida, creyó que el ratón estaba atrapado y metió su trompa para sacarlo. Pero no era así, porque al otro lado de la pared vivía una familia de gorilas que conocía el ratón.

—¡Un gusano gigante! –gritó el ratón cuando apareció la trompa del elefante–. ¡Nos ataca un gusano gigante!

El papá gorila, que vio la trompa aparecer por el agujero, no se lo pensó dos veces y la agarró firmemente. Tiró, golpeó y machacó la trompa, con todas sus fuerzas, para que el gusano no atacara a su familia. En el otro lado, el elefante, desesperado por el dolor, no paraba de gritar "¡El ratón me está arrancando la trompa, el ratón me está arrancando la trompa!". Con tanto estruendo, el gorila se asustó y soltó de golpe la trompa, con lo que el elefante cayó sobre el gato que esperaba detrás, dejándolo aplastado como una galleta.

10. El ingenioso ratón

Cuando se recuperó, el elefante huyó despavorido y nunca más se atrevió a meterse con ningún ratón. Y es por eso que, desde ese momento, todos los elefantes tienen miedo a los ratones.

No juzgues a la gente por su apariencia
sino por su inteligencia

COMPRENSIÓN LECTORA

1. ¿Qué temían los primeros animales de la Tierra? ¿Por qué?

2. ¿Por qué se enfrenta el ratón al elefante?

3. ¿Qué historia cuenta el ratón sobre el caballo para demostrar su poder? ¿Era cierta?

4. Busca en la lectura y escribe a quién corresponden los diferentes estados o situaciones:

Amenazante		Ofendido	
Desconcertado		Astuto	
Desesperado		Despavorido	

5. ¿Por qué el elefante decide marcharse?

6. ¿Qué hace el gorila? Marca la respuesta correcta:

- ☐ Ayuda a su amigo el ratón golpeando al elefante porque le estaba atacando.
- ☐ Golpea al ratón porque el elefante le engaña.
- ☐ Golpea al elefante porque piensa que es un gusano gigante y quiere atacar a su familia.

7. La historia para finalizar nos da un consejo. Explícalo con tus palabras:

No juzgues a la gente por su apariencia
sino por su inteligencia

↗ ....

....

8. Numera las siguientes oraciones para obtener un resumen de la lectura y cópialas en el orden correcto:

- ☐ El ratón, muy enfadado, amenazó al gran animal y se inventó una historia para asustarlo.
- ☐ Finalmente el ratón consiguió escapar engañando a una familia de gorilas para que lo atacaran.
- ☐ Hace mucho tiempo los animales desconfiaban los unos de los otros.
- ☐ Pero el elefante acabó descubriendo al pequeño roedor y quiso darle su merecido.
- ☐ El elefante, por su gran tamaño, era uno de los pocos que vivía tranquilo. Hasta que un día decidió sentarse a descansar frente a la madriguera de un ratón.

10. El ingenioso ratón

VOCABULARIO: Las Comparaciones

9. Busca las comparaciones que aparecen en la lectura, subráyalas y cópialas a continuación:

   ....
   ....
   ....
   ....
   ....
   ....
   ....
   ....

> Las **comparaciones** establecen relaciones entre diferentes elementos que tienen características en común. Para ello se suelen utilizar estructuras como:
>
> ↗ Más que / Más... que. Ej.: Alba come más que tú / Alba tiene el pelo más largo que tú.
> ↗ Menos que / Menos... que. Ej.: Alexis corre menos que tú / Alexis ha escrito menos hojas que tú.
> ↗ Tan / Tanto como. Ej.: La jirafa es tan alta como el árbol.
> ↗ Igual que. Ej.: Su coche es igual que el mío.

10. Completa el texto con "más que", "menos que" o "tanto como" según corresponda:

↗ Hoy en día las personas viven .... en el siglo pasado y con mayor calidad. Pero la gente en la actualidad trabaja .... antes, aunque en mejores condiciones.

↗ Una de las grandes diferencias es que en lo material necesitaban .... nosotros.

11. Completa utilizando comparaciones:

   Transparente como ....   Más redondo que ....
   Menos delgado que ....   Brillante igual que ....
   Más duro que ....   Tan áspero como ....
   Tan terco como ....   Negro como ....
   Largo igual que ....   Alegres como ....
   Más suave que ....   Pequeño igual que ....

113

12. Elige 5 comparaciones del ejercicio anterior y escribe una frase con cada una de ellas:

   ↗ ....
   ↗ ....
   ↗ ....
   ↗ ....
   ↗ ....

13. Escoge dos personajes conocidos que te gusten (actores, cantantes, escritores, deportistas…), señala cinco características de cada uno de ellos y escribe frases que los comparen.

PERSONAJE 1	PERSONAJE 2

   ↗ ....
   ↗ ....
   ↗ ....

14. Busca estas palabras en la sopa de letras de la página siguiente y escribe una oración con cada una de ellas. Si no conoces el significado utiliza el diccionario.

   Desconcierto   Manso   Zarandeo   Indulgente   Depredador

   ↗ Desconcierto: ....
   ↗ Manso: ....
   ↗ Zarandeo: ....
   ↗ Indulgente: ....
   ↗ Depredador: ....

10. El ingenioso ratón

F	P	D	P	Z	F	A	E	G	T	B	J	G	K	N
A	O	C	E	T	X	G	X	W	U	F	D	O	B	A
P	N	Z	O	S	G	U	R	R	C	H	X	O	U	L
H	T	O	U	K	C	I	Q	X	V	R	D	H	O	O
F	Y	B	U	A	E	O	D	O	I	U	T	Q	E	H
V	W	B	I	X	G	A	N	E	A	U	O	E	D	M
M	A	N	S	O	H	P	U	C	I	S	T	S	N	K
C	W	I	G	A	H	Y	S	D	I	N	A	H	A	T
I	B	A	U	G	O	Y	P	M	E	E	U	I	R	M
U	O	U	K	L	E	I	U	G	X	U	R	V	A	L
U	H	A	J	E	U	I	L	K	O	E	E	T	Z	C
L	Y	G	W	P	N	U	P	J	U	V	U	R	O	Z
O	A	Q	I	A	D	G	I	L	E	O	D	G	U	E
D	G	Y	R	N	N	U	M	Y	Y	E	Y	E	G	N
G	P	A	I	D	E	P	R	E	D	A	D	O	R	W

VAMOS A ESCRIBIR: La Fábula

15. Lee de nuevo la fábula del Ratón Ingenioso y completa:

➚ ¿Está escrita en prosa o verso?

....

➚ Sus personajes son:

....
....

➚ Moraleja:

....

Una **fábula** es un relato breve cuya finalidad es enseñarnos algo o darnos un consejo (moraleja).

Pueden estar escritas en prosa o verso y sus protagonistas suelen ser animales.

16. Busca dos fábulas conocidas y señala en ellas quiénes las protagonizan y cuál es su moraleja. Puedes ayudarte de la enciclopedia, internet o preguntar a tus padres o abuelos:

FÁBULA 1: ....
Personajes: ....
....

Moraleja: ....
....
....

FÁBULA 2: ....
Personajes: ....
....

Moraleja: ....
....
....

17. Es hora de crear tu propia fábula. Para ello primero completa el siguiente esquema:

➚ Personajes (inventa al menos dos personajes para protagonizar tu fábula):
....

➚ Explica cómo son y dónde están:
....
....

➚ Pero un día... (¿qué les sucede?)
....
....

➚ Entonces... (¿qué hacen?)
....
....

➚ Al final... (¿cómo lo resuelven?)
....
....

➚ ¿Qué nos ha enseñado esta historia?:
....

18. Por último redacta todos los datos elaborados en el ejercicio anterior, ponle un título y no olvides firmarla como autor.

Mis huellas